Ihr Hobby

Diskuswildfänge

Bernd Degen

INHALTSVERZEICHNIS

© 1999 by bede-Verlag, Bühlfelderweg 12, D-94239 Ruhmannsfelden
E-mail: bede-Verlag@t-online.de; Internet: http://www.bede-verlag.de
Konzept der Reihe „Ihr Hobby…", Herstellung und Gestaltung: bede-Verlag
Fachliche Durchsicht: Dr. Jürgen Schmidt, Ruhmannsfelden

Bildnachweis: Alle Fotos Bernd Degen, sofern nicht anders vermerkt;
Wir danken Aqualife Taiwan.

ISBN: 3-933 646-06-5
bede-Bestellnummer: HO 378

Das riesige Amazonasgebiet Brasiliens ist die Heimat unserer beliebten Diskusfische. Obwohl auch die Staaten Peru, Kolumbien und Venezuela an das Amazonasgebiet angrenzen, spielt doch Brasilien die ausschließliche Hauptrolle beim Export von Diskusfischen. Der Export von Zierfischen spielt gesamt gesehen, natürlich nur eine verschwindend kleine Rolle in der wirtschaftlichen Struktur dieses Landes, aber für uns Aquarianern ist es dafür um so wichtiger.

Das gigantische Regenwaldgebiet des Amazonasbeckens mit seinen zahlreichen großen und kleineren Flüssen übersteigt die normale Vorstellungskraft von Europäern, denn man kann sich kaum vorstellen, wie riesig diese Flußsysteme sind, wenn man sie nicht einmal selbst sehen konnte. Wenn man wie ich das Glück hatte, etliche ausgedehnte Reisen nach Brasilien und im

speziellen in das Amazonasgebiet zu unternehmen, so ist es möglich, diese Eindrücke durch Abbildungen und Texte weiterzugeben. Ein Leben lang wird man diese gewaltigen Eindrücke von einer Bootsfahrt auf dem Rio

Negro oder dem Amazonas nicht mehr vergessen.

Leider ist Brasilien kein preiswertes Reiseland, und somit kann eine Reise nach Brasilien schon sehr teuer werden und der Aufwand, der

Diskusfische und Rote Neon bestimmen einen Großteil des Lebens der Fischer Amazoniens. Dies kommt auch durch dieses Gemälde an einer Hauswand in Barcelos zum Ausdruck.

Bei Manaus vermischen sich die Fluten des Rio Negro (rechts) mit dem lehmigen Wasser des Rio Solimoes. Die riesigen Urwaldgebiete werden jedes Jahr aufs Neue überflutet.

3

Mit solchen Booten werden relativ komfortable Fischfangexpeditionen unternommen und zahlreiche Anbieter haben sich in Manaus etabliert.

Im Hafen von Manaus herrscht stets ein Gewirr an Booten.

Die Oper von Manaus ist immer noch ein traditionelles Wahrzeichen. Sie wurde vor kurzem restauriert und es finden immer noch Gastspiele in ihr statt.

ist schon gewaltig. Heute ist es auch nicht mehr ohne weiteres möglich, Fische in Brasiliens Flüssen zu fangen und problemlos zu exportieren. Es ist jetzt schon eine Fangerlaubnis oder eine Exporterlaubnis notwendig. Bei der Ankunft in einem der Zentren Amazoniens wie Manaus, Santarèm, Bélèm oder Tefé bleibt es sowieso nicht aus, einen lokalen Fischer mit Boot um Hilfe zu bitten, denn nur er hat die Möglichkeit, die interessierten Aquarianer in das entsprechende Flußgebiet zu bringen. Doch stellen Sie sich das alles nicht so einfach vor, denn Sie sind ja nicht an einem Touristenausflug interessiert, wie er obligatorisch von den großen Städten aus angeboten wird. Sobald Sie beispielsweise in Manaus landen, stürzen sich schon die ersten Schlepper auf Sie, um Ihnen ein Boot zu vermieten. Diese Boote sind aber Touristenboote und man möchte Ihnen eine Fahrt von nur einem oder zwei Tagen auf dem Rio Negro andrehen. Leider ist diese Tourismusform in den letzten Jahren regelrecht ausgeufert und jeder Besucher kann nur vor solchen Fahrten gewarnt werden. Gerade in der näheren Umge-

betrieben werden muß, um selbst Zierfische in Brasiliens Flüssen zu fangen,

bung von Manaus befinden sich heute etliche touristische „Sehenswürdigkeiten", die sehr zweifelhaft sind. So hat man innerhalb weniger Stunden die Möglichkeit, Alligatoren, Affen, Papageien oder Faultiere vorgeführt zu bekommen. Alles kostet natürlich den „üblichen touristischen Obolus" und nach wenigen Stunden kehrt man frustriert nach Manaus zurück. Echte Aquarianer versuchen, sich für einige Tage ein Boot mit einem seriösen Führer zu mieten, um dann möglichst weit entfernt von Manaus Diskusfische zu suchen. Solche Touren sind selbstverständlich mit höheren Kosten verbunden, denn wie bereits gesagt, ist Brasilien kein preiswertes Reiseland mehr und dies macht sich auch beim Anmieten von kleinen Fangbooten mit zwei bis drei Mann Besatzung bemerkbar. Auf diesen Booten schläft man in Hängematten oder auf einfachen Ma-

tratzenbetten, was aber der Stimmung keinen Abbruch tun sollte.

Diskusfische in Brasiliens Flüssen zu fangen, ist nicht gerade sehr einfach, denn die Fangmöglichkeiten hängen sehr stark von der Jahreszeit ab und während der Hochwasserperiode ist es so gut wie unmöglich, Diskusfische zu finden. Erst wenn das Wasser ziemlich zurückgegangen ist – in der Trockenzeit, die durchschnittlich zwischen Oktober und März stattfindet – besteht eine gute Chance, Diskusfische zu fangen. Allerdings ist es wichtig, sich hier auf örtliche Fischer zu verlassen, denn diese haben wesentlich mehr Verständnis für die Natur Amazoniens als

Das klare, hellbraune Wasser des Schwarzwasserflusses Rio Negro ist hier gut zu erkennen. Allerdings ist die Sichttiefe sehr gering und bereits in einer Wassertiefe von über 50 cm ist keine Durchsicht mehr möglich.

Folgen Sie uns in die Heimat unserer Diskusfische und lassen Sie sich von der einzigartigen Natur, in welcher unsere Fische leben, gefangennehmen. Im Amazonasgebiet werden im Wesentlichen drei Arten von Gewässertypen unterschieden, jedoch kommt es während der Überschwemmungszeit zu starken Vermischungen, so daß es nicht immer gewährleistet ist, die einzelnen Wassertypen eindeutig festzustellen. Am bekanntesten und auch am gigantischsten sind die Weißwasserflüsse Amazonas, Solimoes, der Rio Branco und der Rio Madeira. Als typische Klarwasserflüsse können der Rio Tapajos und der Rio Xingu eingestuft werden. Aber am bekanntesten – neben dem Amazonas – ist wohl der Schwarzwasserfluß Rio Negro, wobei ja schon sein Name alles über seine Wasserbeschaffenheit aussagt.

wir Aquarianer je aufbringen können. Denn schließlich leben sie das ganze Jahr hier und kennen ihr Umfeld bestens.

In mehreren Fahrten auf Amazoniens Flüssen ist es uns immer wieder gelungen, Diskusfische und natürlich andere Fische in großen Mengen zu fangen und diese teilweise auch mit nach Hause zu nehmen. Unterstützung fanden wir hierbei immer von den örtlichen Exporteuren, die sich darauf spezialisiert haben, tropische Zierfische in alle Welt zu exportieren.

Der Laie wird von den Namen der Wassertypen Rückschlüsse ziehen wollen, die dahin gehen, daß Weißwasserflüsse ein sehr durchsichtiges weißes Wasser besitzen, doch tatsächlich sind diese Flüsse lehmgelb, sehr trüb und es gelingt kaum, die untergetauchte Hand in einer Tiefe von 10 bis 20 cm noch zu erkennen. Dieses Weißwasser enthält riesige Mengen von Sedimenten, die es auf seinem langen Weg nach Amazonien abtransportiert hat. Solche Schwemmstoffe werden von den Anden bis zum Atlantik transportiert und es sind unvorstellbare Mengen von aufgeschwemmten Stoffen, die da transportiert werden. Übrigens liegt der pH-Wert dieses Weißwassers faßt beim Neutralwert um pH 7,0. Typisch ist auch, daß diese riesigen Flüsse die Ufer ständig umbauen und zwar geschieht dies durch ihre riesigen Wassermassen, die ganze Uferpartien innerhalb weniger Tage abtragen können. Somit ist die Landschaft einer ständigen Veränderung unterworfen. Der Name Klarwasserfluß läßt doch den Schluß zu, daß es sich hier um sehr klares Wasser handeln muß, durch welches man bis tief hinab auf den Bodengrund schauen kann. Weit gefehlt! Das Klarwasser ist leicht grünlich und besitzt eine gewisse Transparenz, so daß es zwar möglich ist, etwas tiefer hinabzuschauen, doch eine größere Sichttiefe ist nur in stillen, stehenden Gewässern möglich. Die elektrische Leit-

fähigkeit in diesen Flüssen ist sehr gering und der pH-Wert liegt bei leicht sauren Werten zwischen 5 und 6. Überhaupt unterliegt der pH-Wert immer größeren Schwankungen, was aus den jahreszeitlichen Klimabedingungen resultiert.

Aquarianern ist der Begriff Schwarzwasser bestens bekannt und der Rio Negro als bekanntester Schwarzwasserfluß besitzt auch ein optisch dunkelbraunes Wasser, welches auch relativ transparent ist, jedoch sind auch hier nur Sichttiefen bis zu einem Meter möglich. Man darf sich durch die brau-

Im Flachwasser des Rio Negro können nachts mit Hilfe von Taschenlampen und Keschern Salmler und kleine Welse einfach und in großen Mengen gefangen werden.

ne Farbe übrigens nicht täuschen lassen, denn selbstverständlich ist dieses Wasser nicht richtig braun und nur in der riesigen Menge erscheint es bräunlich, jedoch unterscheiden sich kleine Wassermengen kaum von üblichem

Die Ufer des Rio Negro besitzen sehr schöne weiße Sandbänke, die zum Verweilen einladen. Das Schwimmen ist fast überall gefahrlos möglich. Der weiße Sand verdeutlich die Farbe des Schwarzwassers.

Leitungswasser. Auch ist die elektrische Leitfähigkeit des Wassers sehr gering und verblüffend niedrig ist auch der pH-Wert, der meist etwa um 4 liegt. Es sind jedoch auch extreme pH-Werte von 3,2 bis 3,5 gemessen worden und diese extremen pH-Werte lassen Rückschlüsse auf die Lebensbedingungen der hier ansässigen Fische zu. Stellen Sie sich einmal vor, welche Auswirkungen der pH-Wert auf einen Diskusfisch aus dem Rio Negro haben muß, wenn der Diskus nach dem Fang in ein Aquarium oder ein Hälterungbecken mit einem wesentlich höheren pH-Wert überführt wird. Daß solche Fische durch die plötzlichen gravierenden pH-Wert-Änderungen belastet oder sogar ernsthaft geschädigt werden, ist wohl logisch. Diese Tatsache hat auch Auswirkungen auf die Hälterung solcher Fische. Die Fänger von Diskusfischen oder des berühmten Roten Neon, der ebenfalls aus dem Schwarzwasser stammt, wissen sehr wohl, daß sie während des Transports nach Manaus, die Wasserverhältnisse niemals drastisch verändern dürfen, denn sonst erreichen nur wenige Fische den Käufer in der Exportstation.

Auch wir Aquarianer müssen dieser Tatsache Rechnung tragen und wir können nicht erwarten, daß sich Hekkel-Diskus, die in der Natur bei pH-Werten um 4,0 leben, im Aquarium bei pH-Werten um 6,0 – oder gar mehr –

erfolgreich fortpflanzen könnten. Während der Regenzeit in Amazonien vermischen sich die Flußsysteme miteinander, denn jetzt treten die Flüsse über ihre Ufer und überschwemmen den Regenwald. Die Bäume stehen meterhoch im Wasser und zwischen den Bäumen bilden sich fantastische Überschwemmungsgebiete mit idealen Laichbedingungen für die Wasserbewohner. In den unzählig vielen klei-

Wird Schwarzwasser in einem Glas mit Mineralwasser verglichen, dann ist deutlich zu sehen, daß kaum ein Farbunterschied besteht. Nur durch die Wassertiefe und den hellen Bodengrund erscheint das Wasser so intensiv braun.

nen Gewässern und Seen, die jetzt entstehen, steigen die Wassertemperaturen durch den Sonneneinfall stark an und dieser Temperaturanstieg regt selbstverständlich auch die Diskusfische zum Ablaichen an. Durch die Temperaturanstiege vermehren sich im Wasser unzählig viele Kleinstlebewesen, die als Futter für die Jungbrut dienen. Auch zahlreiche Früchte, Samenteile oder andere pflanzliche Stoffe stehen jetzt im Übermaß zur Verfügung. Interessant ist auch, daß sich in den Schwarzwassergebieten einige Süßwassergarnelenarten aufhalten, die den größeren Fischen als wichtige Nahrungsgrundlage dienen und auch unser Diskusfisch scheint diese Garnelen gerne zu fressen.

Während der Überschwemmungszeit entstehen durch die Zersetzung des Pflanzenmaterials viele gelöste organische Stoffe.

9

Diskuswild-fänge werden in den Export-farmen meist in großen Betonbecken gehältert, bis sie in den Versand gelangen.

Während der Hauptausfuhrmonate für Diskusfische von Oktober bis März werden im Amazonasgebiet zahlreiche Diskus gefangen. Diskusfang ist eine schwere Arbeit, denn es werden entweder Stellnetze im Uferbereich der Flüsse ausgelegt, die anschließend von Treibholz, Wurzeln und Ästen befreit werden müssen, um anschließend die Netze zusammenziehen zu können und nach dem Fang zu sehen. Inzwischen gehen aber viele Fisch-

Diskusfische werden hauptsächlich nachts mit Hilfe von starken Lampen aus den Flüssen gefischt.

Die Fischer hältern die gefangenen Fische in Plastikwannen in ihren Booten und warten auf die Aufkäufer der Exporteure.

fänger dazu über, speziell nachts auf Zierfischjagd zu gehen und Diskusfische zu suchen. Das jetzt verstärkt nachts gefangen wird, liegt auch daran, daß den Fängern heute starke Batterien mit guten Lampen die Möglichkeiten geben, nachts stundenlang nach Fischen zu suchen.

Unsere Diskusfänger leben wochenlang auf ihren Booten, manche sogar ihr ganzes Leben. Teilweise ist das Boot gleichzeitig das Haus für die ganze Fa-

milie. Viele Exporteure heuern direkt Fischfänger an, die in ihrem Auftrage wochenlang unterwegs sind, um Diskusfische und andere Aquarienfische zu fangen. In den einzelnen Flußgebieten leben jedoch ganze Familien vom Zierfischfang und diese verbringen ihr Leben auf ihren Booten. Das Boot befindet sich irgendwo an einer idealen Stelle im Flußgebiet des Regenwalds und von dort aus wird Tag für Tag mit kleinen Kanus auf Fischjagd gegangen. Die gefangenen Fische werden in Plastikbehältern zwischengelagert, bis ein

Aufkäufer am Boot vorbeikommt und die Fische mitnimmt. Nur selten kommen diese Fischerfamilien einmal in den Genuß, in eine größere Ansiedlung weit weg von ihrem Fanggebiet zu fahren. Die Kinder leben ebenfalls auf den Booten und ein regelmäßiger Schulbesuch ist die Ausnahme. Nur wenn sie in der Nähe einer Ansiedlung mit Schule leben, haben die Kinder die Möglichkeit, die Schule auch zu besuchen. Im Rio-Negro-Gebiet leben beispielsweise nur wenige tausend Familien und man muß sich ein-

mal vorstellen, daß ein riesiges Gebiet wie zum Beispiel Österreich, nur von 10.000 Personen bewohnt wird. Dieser Vergleich macht deutlich, was sich hier abspielt und wie unwichtig der Besuch einer Schule werden kann, wenn die nächste Schule einige hundert Flußkilometer entfernt ist. Wichtig ist das Überleben, wichtig ist es, einigermaßen gut zu leben und das tägliche Auskommen zu haben. Hierbei helfen die Zierfische bestens mit und der Fang von Zierfischen ist mit Sicherheit die schonendste Möglichkeit, um den Regenwald an dieser Stelle zu erhalten. Würden die Bewohner des Regenwalds nicht mehr die Möglichkeit haben, vom Fischfang zu leben, dann würden sie sofort beginnen, den Wald abzuholzen und das

Diese Schildkröte wird zum Verkauf nach Manaus gebracht und dort in einem Kochtopf landen.

Der Tagesablauf der Fischerfamilien ist sehr einfach und der Besuch von Fremden wird schnell zur Attraktion.

Grüne Tefé-Wildfänge mit intensiver Grünfärbung und möglichst vielen roten Punkten, sind bei allen Züchtern sehr beliebt und deshalb entsprechend teuer.
Foto: Aqualife Taiwan

brauchbare Holz in die Ballungszentren zu transportieren. Dies hätte sicherlich ökologische Katastrophen zur Folge.

Die Fischerfamilien leben ein sehr einfaches und karges Leben mit wenig Abwechslung. Tagein und tagaus kümmert sich der Mann mit seinen Kollegen oder Söhnen darum, Zierfische zu fangen und zwischenzuhältern. Die Aufgabe der Frau ist es, sich um die Kinder zu kümmern und etwas Brauchbares im Kochtopf zuzubereiten. Da der Tag- und Nachtrhythmus auch die Aktivitäten der Familie stark beeinflußt, führen die Einwohner hier einen ganz anderen Tagesablauf, den wir Europäer gar nicht nachvollziehen

können. Frühs um 6 wird es hell und der Tag beginnt. Abends um 18 Uhr wird es dunkel und der Tag ist zu Ende. Und so läuft es das ganze Jahr über ab. Durch Brandrodung und Goldsucher sowie verschiedene Farm- und Holzprojekte werden die Lebensräume der Diskusfische in Amazonien immer stärker eingeengt und eines Tages kann es sicherlich passieren, daß uns keine Diskusfische mehr geschickt werden, weil es nicht mehr möglich ist, welche zu exportieren. Hoffen wir, daß die Verwüstung des Regenwalds stärker eingeschränkt wird, damit noch lange das ökologische Gleichgewicht erhalten bleibt, denn sonst sind die Katastrophen bereits vorhersehbar, doch der Mensch ist ja nicht bereit, sich zu ändern und deshalb wird es wohl schwierig bleiben.

Selbstverständlich werden heute noch große Mengen von Diskuswildfängen nach Europa, in die USA oder nach Südostasien exportiert. Inzwischen ist das Hauptabnehmerland für Diskuswildfänge Japan geworden, denn die Japaner bieten nach wie vor die höchsten Preise für exklusive und ausgefallene Diskuswildfänge. Es hat sich auch bei den Exporteuren sehr viel geändert, denn früher war es so, daß nur selten ein Importeur aus Europa oder den USA direkt nach Manaus gekommen ist, um sich seine Fische auszusuchen. Heute ist dies schon fast die Regel und die Importeure und Händler geben sich die Klinke in die Hand. Aufkäufer aus Südostasien besuchen fast regelmäßig die großen Exportstationen und bieten immer bessere Preise, um immer schönere und ausgefallenere Diskusfische zu kaufen. Auch Diskuswildfänge unterliegen leider einer gewissen Mode und so sind immer wieder einmal bestimmte Typen gefragt. Einmal sind es herrlich braune Diskusfische, das anderemal sind es dann grüne Diskus mit vielen roten Punkten. Inwischen haben auch die Exportstationen in Manaus damit begonnen, Ihren Diskusfischen spezielle Namen zu geben und diese Namen auch entsprechend zu vermarkten. Man nimmt hier einfach den

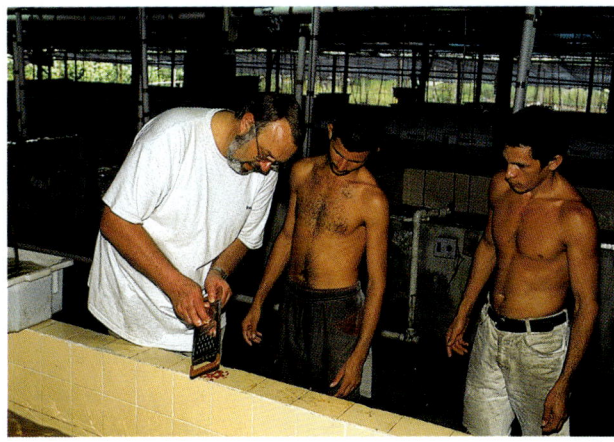

Flußnamen, indem der Diskus vermutlich gefangen wurde, und schon ist ein neuer Name für die Preisliste geschaffen worden.

Im Fanggebiet der Diskusfische, werden diese von den einheimischen Fischern in Plastikwannen gehältert. Während der Fangexpedition wird einfach immer wieder das Wasser zweimal täglich gewechselt und so überstehen die Fische problemlos einen Transport von mehreren Tagen, ja

Während eines Besuchs einer Exportstation erkläre ich den Pflegern, wie sie gefrostetes Herz reiben und an die Diskus verfüttern können.

In Plastikwannen werden neben Diskusfischen beispielsweise auch Stachelrochen für den Versand bereitgestellt.

Die Raritäten in einer Exportstation werden zur besseren Übersicht oft auch in Glasaquarien gehältert. Meist handelt es sich hierbei um besondere Welse, aber auch exklusive Diskusfische.

sogar mehreren Wochen bis zur Exportstation. Im Hafen von Manaus angekommen, werden die Plastikwannen mit den Diskusfischen mit LKW´s abgeholt und in die Exportstation gefahren. Dort landen die Diskusfische dann in großen Becken, in denen sie zwischengehältert werden. Selbstverständlich werden die Fische auch sortiert, um einen Versand zu vereinfachen.

Je nach Angebot und Nachfrage verbleiben die Fische einige Tage oder einige Wochen, manchmal sogar einige Monate in der Exportstation. Der Exporteur hältert diese Diskusfische meist in größeren Zementbecken und Blessuren, welche die Fische während des Fangs abbekamen, werden hier ausgeheilt. Zum Export werden größere Diskusfische einzeln in Plastikbeuteln verpackt, allerdings ist der Transport nach wie vor ein Schwachpunkt, denn schließlich ist es durchaus möglich, daß die Fische bis zu 36 Stunden oder länger in dem Transportbeutel verbleiben müssen, bis sie bei ihrem neuen Besitzer angekommen sind. Beim Großhändler in Europa eingetroffen, werden die Fische vorsichtig in Hälterungsaquarien umgesetzt und verantwortungsbewußte Großhändler bemühen sich, den Diskusfischen in ihrer neuen Heimat optimale Hälterungbedingungen zu gewähren. Dieses Interesse muß vorhanden sein, denn Diskusfische gehören ja nicht zu den preiswerten Aquarienfischen und somit ist eine gewisse Sorgfalt Gott sei Dank durch den Preis schon vorgegeben. Oft werden neu angekommene Diskuswildfänge mit Antibiotika vorbeugend behandelt und leider ist dies nicht unbedingt vorteilhaft, denn weshalb sollen Fische mit Antibiotika vorbeugend behandelt werden? Schließlich ist es doch wesentlich sinnvoller, die Fische genau zu beobachten und dann erst im Notfalls eine gezielte Krankheitsbekämpfung vorzunehmen, wenn eine bestimmte Krankheit erkannt wurde. Oberstes Gebot bei importierten Fischen müssen optimale Wasserbedingungen sein. Durch optimale Wasserbedinungen lassen sich sehr viele Krankheiten bereits im Vorfeld ausschließen. Dem Aquarianer sei hier nochmals dringend empfohlen, neue Wildfänge einer längeren und genauen Kontrolle und Quarantäne zu unterziehen.

Ist es eigentlich notwendig, sich Diskuswildfänge zu kaufen, wenn es doch tausende von Nachzuchtfischen gibt, die in unzähligen Fischfarmen Südostasiens regelrecht produziert werden, um uns Aquarianer zufriedenzustellen? Vielleicht liegt gerade in dieser Aussage schon die Antwort. Der Diskuswildfang ist ein ganz besonderes Individuum, welches seinem Besitzer sehr viel abverlangt. Aquarianer, die sich mit dem Kauf von Wildfängen befassen, müssen sich darüber im Klaren sein, daß sie eine hohe Verantwortung gegenüber diesen Fischen tragen, denn nur optimale Hälterungsvoraussetzungen berechtigen auch die Pflege dieser Fische in einem Aquarium. Sicherlich gibt man den Fängern in Brasilien die Möglichkeit, ihren Lebensunterhalt mit dem Fang von Diskusfischen und anderen Zierfi-

Die Nachzuchtdiskus gibt es in zahlreichen Farbvarianten, wie beispielsweise diesen cobaltblauen Diskus. Die Wildfänge besitzen zwar nicht diese intensive Farbe, zeigen aber ein interessanteres Verhalten, und bei guter Pflege entwickeln sie tolle Farbkombinationen. Foto: Aqualife Taiwan

schen zu verdienen und somit sorgt man auch dafür, daß diese Menschen nicht dazu übergehen werden, ihre Umwelt zu zerstören, von der sie schließlich leben. Somit kann Aquaristik ein Beitrag zum Umweltschutz sein. In gewerblichen Zuchtbetrieben werden Diskusfische in großen Mengen nachgezüchtet und dann auf den Markt gebracht. Diese Nachzuchttiere unterscheiden sich in der Regel schon deutlich von Diskuswildfängen. Sichtbar ist der Unterschied beispielsweise bei den Körpermerkmalen. Diskuswildfänge sind meist wesentlich runder in der Körperform und die Beflossung ist kleiner als bei Nachzuchttieren. Gerade bei Nachzuchtdiskus wird darauf geachtet, eine möglichst auffällige Beflossung und

eine ausdrucksstarke Körperform zu züchten. Daß solche Zuchtbemühungen manchmal daneben liegen können, scheint weniger zu interessieren, denn bei Nachzuchten gilt wohl eher der Grundsatz, je extremer und auffälliger – desto besser. Die Natur beschränkt sich wohl eher auf eine klare Linie und so besitzen Wildfänge auch ein ausgeglicheneres Farbmuster. Extrem auffällige Farben zeigen Fische meist nur während der Laichzeit, denn da müssen sie ihrem Geschlechtspartner Signale geben. Während der übrigen Jahreszeit ist es eher sinnvoll,

Goldbraune Wildfänge sind sehr selten geworden und erzielen deshalb hohe Preise. Die Asiaten verwenden sie gerne zum Einkreuzen in bestehende Zuchtlinien. So können die beliebten Diskus-Goldformen entstehen.

in der wilden Natur möglichst unauffällig daherzukommen, denn sonst macht man ja einen Freßfeind auf sich aufmerksam. Im Aquarium dagegen kommt es dem Liebhaber darauf an, einen möglichst bunten und farbenprächtigen Fisch schwimmen zu sehen. Diesem Wunsch entsprechen die Züchter immer mehr und somit werden alle Arten von Diskusfischen kräftig miteinander verpaart, um auffälli-

> **Tip:** Wildfänge entwickeln oft erst im Aquarium bei bester Pflege ihre schönste Färbung. Bedenken Sie dies unbedingt bei der Auswahl und dem Kauf.

ge Nachzuchttiere zu erzielen. Bei den Zuchtbemühungen, die in Südostasien in großem Stil durchgeführt werden, gelingt es immer wieder, verblüffende Neuzüchtungen zu kreieren. Es kommt sogar vereinzelt zu Farbmutationen, die sich teilweise als erbfest erweisen. Auffallend waren solche Farbvarianten wie Pigeon Blood oder Snake Skin Diskus, welche die Nachzuchtszene sicherlich revolutionierten. Doch schon vor 20 und 30 Jahren versuchten die Diskuspioniere

besondere farbintensive Varianten aus den Wildfängen herauszuzüchten und so konnten beispielweise die weltberühmten Rottürkis-Diskus aus entsprechend gefärbtem Wildfangmaterial gezüchtet werden. Auch die flächigen grün-blauen Varianten der ersten Jahre waren verblüffende Ergebnisse einer gezielten Zuchtauslese von möglichst flächigen grünen Wildfängen. Es liegt in der Natur des Menschen, immer wieder Mutter Natur ins Handwerk zu pfuschen und Verbesserungen machen zu wollen. Aus menschlicher Sicht ist dies bei Diskusfischen sicher gelungen, denn was es heute farblich an Diskusfischen zu kaufen gibt, das ist geradezu gigantisch, verglichen mit den Farbvarianten, die aus Amazonien kommen. Dennoch besitzen vielleicht gerade deshalb die Diskuswildfänge ihren besonderen Reiz, denn es ist wesentlich schwieriger, Wildfänge zur Nachzucht zu bewegen, als Diskusfische, die schon über viele Generationen im Aquarium leben. Auch das Verhalten der Wildfänge unterscheidet sich wesentlich von dem der Nachzuchtfische. Ein Wildfang ist ja tatsächlich ein Diskusfisch, der noch vor wenigen Wochen oder Monaten in der unendlich Weite der Flußlandschaft Amazoniens lebte.

Diskusfische – eine Art oder zwei Arten?

Wir Aquarianer unterscheiden bei den Diskuswildformen ganz selbstverständlich zwischen dem Heckel-, *Symphysodon discus,* und dem Grünen Diskus, *Symphysodon aequifasciatus.* Die Unterschiede scheinen offensichtlich zu sein und dennoch gibt es Zweifler, die von wissenschaftlicher Seite nur eine Diskusart akzeptieren wollen. Andere Wissenschaftler diskutieren neuere Unterscheidungsmöglichkeiten (KOKOSCHA & GREVEN 1996, SCHÄFER 1998). Nun gibt es in der

taxonomischen Biologie bei nahe verwandten Arten, die entsprechend auch Schwesterarten genannt werden, immer wieder solche Zweifelsfälle. Die Erfahrung hat gezeigt, daß sich letztendlich doch die „Splitter" durchsetzen, die selbst minimalste Unterschiede zu Artmerkmalen erheben. Für die Diskusfische bedeutet dies, daß wir – trotz aller Zweifel – von der Existenz zweier Arten ausgehen können. Dabei ist es völlig normal, daß bei erdgeschichtlich relativ jungen Arten die Unterschiede nur gering sind.

Aber – sind wirklich nur wenige Unterschiede sichtbar? Wie ist es überhaupt möglich, daß ein Aquarianer sofort zwischen den beiden Arten zu unterscheiden vermag, während manche Wissenschaftler offensichtlich Probleme damit haben? Zur Beantwortung dieser Fragen müssen wir etwas weiter in die Geschichte der Namensgebung der Organismen in der Biologie zurückschauen. Recht bald erkannten die Biologen, und unter diesen speziell die Systematiker und Taxonomen, daß einfache schriftliche Beschreibungen der Organismen, selbst wenn ihnen gute Abbildungen hinzugefügt wurden, oft nicht zur Wiedererkennung dieser Organismen genügen. Deshalb wurde es üblich, der Erstbeschreibung des Organismus mindestens ein konserviertes Exemplar, den Typus, hinzuzufügen, der gewöhnlich in einem naturkundlichen Museum

Heckel-Diskus waren die ersten Diskusfische, die im Amazonasgebiet entdeckt wurden. Sie sind sehr leicht an dem kräftigen dunklen Mittelstreifen zu erkennen. Auch durch das Auge und die Schwanzwurzel läuft ein solcher Streifen.

denn zum einen gibt es heute Möglichkeiten, auch die Farben in sehr natürlicher Weise zu erhalten und nicht zuletzt wäre es sehr einfach, den Artbeschreibungen Farbabbildungen hinzuzufügen. Bei Berücksichtigung der Färbung und weiterer Körpermerkmale dürfte eine Unterscheidung der beiden Arten kein Problem sein. Da jedoch die Zählwerte, wie Flossen- und Schuppenformel, Wirbelzahl oder Körperproportionen, stark streuen, ist eine eindeutige Unterscheidung bei manchen Einzelexemplaren nicht möglich. Leider ist auch die Färbung variabel und in Einzelfällen nicht klar zuzuordnen. Erschwert wird dies noch dadurch, daß es in der Natur Artba-

Grüne Diskus besitzen nicht immer rote Körperpunkte. Es gibt fast flächige, teilweise linierte, aber auch gepunktete Varianten. Am gesuchtesten sind zur Zeit selbstverständlich die rotgepunkteten Wildfänge.

hinterlegt wurde. Während Pflanzen in einem Herbar oder Säugetiere und Vögel in präparierten Bälgen gut und anschaulich zu konservieren sind, gibt es aber bei den Fischen keine solchen einfachen Präparationsmöglichkeiten. Deshalb wurde es üblich, Fische in Formalin oder Alkohol zu konservieren, da auf diese Weise wenigstens die grobe Körperform sowie die Schuppen, Flossen und so weiter erhalten bleiben. Die Farben bleichen unter diesen Bedingungen aber sehr schnell aus oder verändern sich zumindest. Aus dieser Zeit stammt das Argument, daß Körperfärbungen zur Klassifikation nicht geeignet seien. Dies ist jedoch ein Argument, das bei den heutigen Möglichkeiten nicht mehr gelten kann,

Die Uferregion ist durch das Hochwasser völlig ausgespült worden. Die Einheimischen müssen lange Treppen benutzen, um zum Wasser zu gelangen.

19

Während der Hochwasserzeit sind große Teile des Regenwalds überschwemmt und jetzt ist es schwierig Diskusfische zu fangen. Die Landschaft verändert sich auf einmalige Weise und übt einen starken Reiz auf den Besucher aus.

starde geben könnte. Erschwert wird dieser Sachverhalt darüberhinaus durch die Tatsache, daß durch kommerzielle Fischfänge Standortvarianten, die unter natürlichen Bedingungen niemals Kontakt zueinander gefunden hätten, von den Fängern transportiert wurden und dann an anderen Standorten in die Natur zurückgelangten, so daß es zu unnatürlichen Vermischungen von Varietäten – oder sogar der beiden Arten kam. Noch schwieriger ist vor diesem Hintergrund hingegen die Unterscheidung der beschriebenen Unterarten.

Die Diskus-Unterarten

Wenn schon der Status der Arten umstritten ist, so ist dies in Bezug auf die Unterarten erst recht der Fall. Viele Ichthyologen erkennen nicht einmal Unterarten an, mit der simplen Argumentation, daß – wenn Unterschiede erkennbar seien – diese auch gleich für den Artstatus genügen müssen. Oder – wenn kaum Unterschiede deutlich werden, daß es sich dann nicht einmal um Unterarten handeln kann, sondern vielmehr lediglich um Farbvarianten oder ähnliche Varietäten, die keinen eigenen taxonomischen Status rechtfertigen würden. Dies ist natürlich ein

sehr extremer Standpunkt, dem selbstverständlich nicht alle Wissenschaftler und noch weniger Aquarianer folgen. Es kann nicht der Zweck dieses Buchs sein, hier das biologische Unterartkonzept zu erläutern und zu diskutieren. Deshalb hier nur der Hinweis auf andere Zoologische Teilgebiete, wie beispielsweise die Entomologie oder die Ornithologie, in denen ganz selbstverständlich mit Unterarten gearbeitet wird. Hintergrund ist die Tatsache, daß jüngere geographische Schranken, wie zum Beispiel für die Diskus unüberwindliche große Tropenströme oder andersartige Inselbildungen zur Herausbildung von Standortvarianten führten. Einschließlich der Stammformen wurden bisher folgende Diskusunterarten beschrieben:

Symphysodon discus discus HECKEL, 1840

Symphysodon discus willischwartzi BURGESS, 1981

Symphysodon aequifasciatus aequifasciatus PELLEGRIN, 1904

Symphysodon aequifasciatus tarzoo (LYONS, 1959)

Symphysodon aequifasciatus axelrodi SCHULTZ, 1960

Bei den Heckel-Diskus gibt es verschiedene Grundfärbungen. So kommen rotbraune, türkise und auch blaue Fische vor. Je nach Stimmung zeigen die Diskus die Farbe mehr oder weniger.

Symphysodon aequifasciatus haraldi SCHULTZ, 1960

Dabei erfolgt die Unterscheidung der *Symphysodon aequifasciatus*-Unterarten vor allem nach Farbmerkmalen, während *Symphysodon discus willischwartzi* nach Zählwerten abgegrenzt wurde. Diese Zählwerte liegen nach heutigem Wissensstand in den Toleranzen der Art, da diese Fische aber bisher nicht erneut importiert wurden, ist eine Suche nach weiteren Merkmalen nicht möglich. Andererseits ist diese Unterscheidung wegen fehlender lebender Fische deshalb zur Zeit für die Aquaristik nicht relevant. Wenn also derzeit vom „Heckel-Dis-

Bei diesem frisch gefangenen Tefé-Wildfang ist die imposante Zeichnung sehr gut zu sehen. Im Kopfbereich fallen die türkisen Linien besonders auf. Die roten Punkte werden sich im Aquarium verstärken.

Tip: Wenn Sie sich für einen Heckel-Diskus entscheiden, so müssen Sie wissen, daß diese Art hohe Anforderungen an die Wasserbeschaffenheit stellt.

kus" die Rede ist, dann handelt es sich in jedem Falle um die Stammform.

Bei *Symphysodon aequifasciatus* ist der Sachverhalt etwas verworrener. Zunächst sei darauf hingewiesen, daß es sich bei der „Tarzoo-Variante" um eine ungewollte Beschreibung handelt, die allgemein nicht akzeptiert wird (SCHULZ 1960, KULLANDER 1996). Deshalb wollen auch wir uns mit die-

sem Namen nicht weiter beschäftigen und ihn als ungültig betrachten. KUL-LANDER synonymisierte 1986 auch *Sym-*

physodon aequifasciatus haraldi mit *Symphysodon aequifasciatus axelrodi.* 1996 argmentiert er, daß dem nicht wiedersprochen worden sei, die Synonymisierung also wohl akzeptiert worden sei. Tatsache ist, daß diese Gleichstellung der Formen eher allgemein ignoriert wurde, die alten Namen weiterhin allgemein benutzt wurden, und sich lediglich niemand zu einer Gegendarstellung genötigt fühlte.

Ein Faktum ist es jedoch, daß KULLANDER (1986, 1996) mit seiner Feststellung der geringen Unterscheidbarkeit recht hat, so daß weitere Untersuchungen durchgeführt werden müßten. Dies blieb bisher, sowohl von ihm als auch von anderen Ichthyologen aus, so daß in den vielen vergangenen Jahren kein tatsächlicher Wissengewinn hinzu kam. Da die Verfahrensweise in der Zoologie jedoch die ist, daß ein einmal vergebener Namen Gültigkeit behält, bis seine Ungültigkeit oder Synonymität zu einem anderen Namen belegt ist, wollen wir – zumindest vorläufig – ebenfalls bei diesem gängigen Verfahren bleiben und die drei gebräuchlichen Unterartnamen weiterhin benutzen. Für den Aquarianer ist es schließlich relevant, daß gebräuchliche Namen zur Unterscheidung gängiger Varietäten beitragen (DEGEN 1993, 1996).

Der Grüne Diskus: Für *Symphysodon aequifasciatus aequifasciatus* gilt somit, daß die Fische an ihren dun-

kelbraunen Längsstreifen auf dem Körper erkennbar sind. Seine Grundfärbung ist grün, das Auge rötlich-braun und es gibt einen isolierten Fleck auf den Schuppen über bzw. seitlich hinter dem Auge (Schulz 1960).

Der Braune Diskus: *Symphysodon aequifasciatus axelrodi* zeigt keine Längsstreifen, lediglich im Stirnbereich sind sie manchmal angedeutet. Der Diskus besitzt purpurne Vertikelbinden, eine olive Grundfärbung, ein rotes Auge und keinen Suppenfleck neben dem Auge (Schulz 1960).

Der Blaue Diskus: *Symphysodon aequifasciatus haraldi* zeigt letztendlich hellbraune Längsstreifen. Seine Grundfärbung ist ebenfalls hellbraun, das Auge hellrot und er besitzt den gleichen Fleck neben dem Auge (Schulz 1960).

Natürlich gäbe es einige weitere Varianten, die eine Unterartbeschreibung rechtfertigen würden. Beim derzeitigen Wissenstand zur Verbreitung der Formen und zu ihren Unterscheidungsmöglichkeiten ist jedoch keine klare Abgrenzung möglich. Andererseits genügen Wissenschaftlern bei den Bearbeitungen anderer Fischgruppen wesentlich geringere Unterschiede sogar zu Artbeschreibungen, so daß es eigentlich keine berechtigten Gründe gibt, die Schulz'schen Unterarten nicht zu akzeptieren.

Braune Diskus zeigen nur eine schwache Blaufärbung im äußeren Körper- und Flossenrand.

Die Blauen Diskus unterscheiden sich von den Braunen Diskus dadurch, daß sie eine intensivere Streifenzeichnung tragen.

Richtiger Diskuskauf

Bei der Auswahl der Diskusfische ist doch die spätere Unterbringung zu berücksichtigen. Sollen die Fische in einem eingerichteten Aquarium gepflegt werden, so ist eine gründliche Quarantäne unbedingt erforderlich. Krankheitsbehandlungen im eingerichteten Aquarium sind nämlich immer schwierig.

Sie haben beschlossen, sich Diskuswildfänge zu kaufen und damit haben Sie auch die Verantwortung, diesen Wildtieren optimale Lebensbedingungen zu ermöglichen. Optimale Lebensbedingungen aus aquaristischer Sicht bedeutet – ein entsprechend großes Aquarium anbieten zu können. Für Diskuswildfänge sollte Ihr Aquarium mindestens die Grundmaße von 1,20 m Länge, 50 cm Tiefe und 50 cm Höhe besitzen. Dies ist allerdings wirklich die untere Grenze für ein Hälterungsaquarium. Nur spezielle Zuchtaquarien, in denen ein Pärchen für eine bestimmte Zeit lebt, können entsprechend kleiner dimensioniert werden. Bei der Höhe von 50 cm ist hier wirklich die Mindesthöhe angegeben. Besser wäre es in jedem Falle, wenn Sie die Möglichkeit haben, ein Aquarium von 60 cm Höhe zu wählen. Auch bei der Tiefe bietet es sich an, hier etwas großzügiger vorzugehen, denn gerade mit entsprechender Tiefe läßt sich ein Aquarium schöner gestalten. Gestaltet werden soll ein Aquarium immer, denn es ist unsinnig, Diskusfische ausschließlich in nackten Glasaquarien zu halten, die vielleicht gerade mal eine Tonvase als Dekorationsgegenstand aufweisen. Die Fische leben in der Natur meist zwischen Wurzeln oder untergetauchten Büschen und Ästen, so daß es sich schon empfiehlt, ein Aquarium mindestens mit etwas Moorkienholz zu dekorieren. Zwischen den Wurzelstücken haben die Fische Rückzugmöglichkeiten – und dies ist

schon wichtig für ihr Wohlbefinden. Wenn Sie also die aquaristischen Vorbedingungen für die Anschaffung von Wildfängen geschaffen haben, dann können Sie jetzt darangehen, die passenden Fische zu finden. Daß es nicht einfach sein wird, die idealen Diskuswildfänge zu finden, muß Ihnen klar sein, denn solche besonderen Aquarienbewohner findet man nicht an jeder Ecke und was Diskuswildfänge angeht, so ist es noch etwas schwieriger als bei Nachzuchten.

kuswildfang erscheint anfangs etwas uninteressant, doch dies kann sich schnell ändern und Sie dürfen sich durch diese Umstände nicht fehlleiten lassen. Jeden Tag werden Sie etwas Neues an Ihrem Diskus entdecken und darin liegt sicherlich der große Reiz, sich mit Diskuswildfängen zu beschäftigen. Farbe darf also nicht unbedingt das erste Kriterium bei der Auswahl ihrer Diskuswildfänge sein, die Sie jetzt kaufen wollen.

Oberste Auwahlkriterien sind Gesundheit und der äußere Gesamteindruck. Ob ein Diskuswildfang gesund ist oder nicht – das läßt sich erst nach genauerer Betrachtung feststellen und Sie müssen sich deshalb etwas Zeit bei der Beobachtung lassen. Gesunde Fische sind

Gesunde Diskusfische zeigen eine kräftige Farbe, ein klares Auge und vor allem Interesse am dargereichten Futter. Lassen Sie ausgewählte Fische doch einmal in Ihrem Beisein etwas füttern. Foto: Aqualife Taiwan

Erwarten Sie beim Kauf Ihrer neuen Diskusfische auch nicht, daß diese bereits ihre tollste Farbe zeigen, denn Diskuswildfänge so optimal zu hältern, daß sie ihr schönstes Farbkleid zeigen, gelingt nicht jedem Aquarianer. Wildfänge fühlen sich meistens nicht wohl, weil sie nicht optimal gehältert werden. Dies schlägt sich auf ihre Farbintensität nieder und bedeutet, daß Sie als Käufer nicht den optimalen Diskuswildfang sehen. Mit anderen Worten ausgedrückt: Ein Dis-

Gönnen Sie sich das Erlebnis, Diskusfische in einem bepflanzten Aquarium mit Bodengrund zu erleben. Das Verhalten dieser Fische ist dann viel interessanter und die Vergesellschaftung mit anderen Aquarienbewohnern ist durchaus möglich. Friedliche Panzerwelse sind ideale Mitbewohner.

immer aktiv und interessieren sich für alles, was im und vor dem Aquarium geschieht. Ein Fluchtverhalten ist völlig normal und darf Sie nicht abschrecken, diesen Fisch auch zu kaufen. Wichtig ist es, auf die Farbe der Augen zu achten, und falls Sie die Möglichkeit besitzen, den Fisch koten zu sehen, dann wäre dies optimal, denn schwarzer oder dunkelbrauner Kot deutet darauf hin, daß der Darmtrakt des Fischs wahrscheinlich gesund ist.

Achten Sie auch besonders auf die Kopfpartie der Fische, denn aus der Beschaffenheit der Stirnpartie lassen sich Rückschlüsse auf die Gesundheit ziehen. Kränkelnde Fische verlieren schnell an Körpersubstanz und dies macht sich besonders in der Stirnpartie bemerkbar. Die Fische beginnen abzumagern und im Kopfbereich oberhalb des Auges kommt es zu einer Gewichtsabnahme und die Stirnpartie sieht nach innen eingefallen aus. Dies ist an und für sich ein deutliches Warnzeichen, diesen Fisch nicht zu kaufen. Allerdings gehört eine gewisse

Erfahrung dazu, um solche Merkmale auch richtig einordnen zu können. Fische, die ein gänzlich schwarzes Auge besitzen, sollten Sie auch nicht kaufen. Es ist immer wichtig, daß die Fische ein kräftig rotes oder bernsteinfarbiges Auge besitzen und diese Farben auch deutlich zu sehen sind. Normalerweise lassen sich kranke Fische wieder gesund pflegen, aber wenn Sie nicht die entsprechenden Möglichkeiten und vor allem auch nicht die Erfahrung dazu haben, dann ist es besser, wenn Sie hier beim Kauf etwas vorsichtig sind.

Bei Diskuswildfängen läßt sich das Alter nur schwer bestimmen und nur geübte Betrachter können eine Aussage treffen. Hilfreich ist das Beobachten des gesamten Körpereindrucks, aber auch die Größe des Auges sagt etwas über das Alter aus. Alte Fische besitzen meist ein im Verhältnis zur Körpergröße zu großes Auge. Wenn Sie also eine Gruppe von Wildfängen vor sich sehen, dann können Sie besser vergleichen, ob Fische darunter sind, die ein deutlich größeres Auge besitzen als die anderen. Ein kleines „Knopfauge" deutet auf ein junges Tier hin. Verletzungen, welche die Fische in ihrer Jugendzeit bekamen, sind teilweise wieder verwachsen, aber noch sichtbar. Solche Verletzungen können zum Beispiel die Flossen verunstalten und dann gibt es einen optischen Mangel. Vererben wird sich ein solcher Bißschaden jedoch nicht, aber schließ-

Tip: Zeigen Ihre Diskus über mehrere Tage eine Dunkelfärbung, so ist dies ein Alarmzeichen. Fressen sie auch schlecht, müssen sie gegen Darmparasiten behandelt werden.

lich sehen Sie täglich diesen Mangel und vielleicht macht Ihnen dies dann auch keinen Spaß mehr. Verletzungs- und Transportschäden verheilen in der Regel wieder völlig problemlos, während Flossensäume jedoch Unregelmäßigkeit aufweisen können, wenn hier Bißwunden entstanden sind.

Sind Diskusfische längere Zeit krank und verweigern die Nahrungsaufnahme, dann kommt es zu Wachstumsschäden. Auch bei Diskuswildfängen kann dies natürlich der Fall sein und es ist immer schwierig, gerade bei kleineren Wildfängen, diese Mängel wieder auszugleichen. Selbst wenn es gelingt, die Fische gesund zu pflegen und wieder zum normalen Fressen zu bewegen, bleiben Sie in der Regel körperlich zurück. Betrachten Sie den Fisch von vorne und zeigt er einen typischen Messerrücken, dann müssen bei Ihnen alle Alarmglocken klingeln, denn solche Fische sind sehr krank und meist nicht mehr zu retten. Gesunde Diskusfische haben, von vorne betrachtet, eine deutlich nach außen abgerundete Körper- und Kopfform. Besonders die Kopfform muß von vorne gesehen, richtig rund erscheinen.

Ein weiterer Hinweis auf mögliche Krankheiten ist die dunkle Körperfärbung. Ist ein Diskus fast schwarz gefärbt, dann ist größte Vorsicht angeraten, denn meist haben diese Fische einen Darmparasitenbefall und verweigern das Futter. Zeigen die Fische dagegen die schwarzen Senkrechtstreifen, ist dies nicht unbedingt ein Zeichen des Unwohlseins, sondern es ist ein Ausdruck von Schreckfärbung oder einer bestimmten Stimmung.

Oft haben Diskuswildfänge auch Kiemenwürmer, und dann atmen sie meisten nur auf einem Kiemendeckel. Dies ist sehr gut zu beobachten, denn der zweite Kiemendeckel bleibt fest angelegt. Kiemenwürmer können gut bekämpft werden, jedoch müssen Sie sich schon darüber klar sein, daß eine solche Behandlung mehrere Wochen dauern kann und deshalb kann nur nochmals auf eine ausreichende Quarantänebehandlung hingewiesen werden.

Der Kauf von Wildfängen unterscheidet sich etwas vom Kauf von Diskusnachzuchten, denn bei Nachzuchtdiskus müssen Sie – was die Wasserverhältnisse angeht – wesentlich weniger Rücksicht nehmen, als dies bei Wildfängen der Fall ist. Wildfänge stammen ja aus Heimatgewässern, die sehr salzarm sind, einen relativ niedrigen pH-Wert besitzen und somit stellen sie gerade was die Nachzucht angeht, größere Anforderungen an ihr Aquarienwasser. In der Aquarienpraxis können die Fische an höhere pH-Werte und Leitwerte gewöhnt werden,

Völlig durchgestreife Wildfänge werden als Royal Blue Diskus bezeichnet.

Bereits in seiner Exportfarm in Manaus untersucht Asher Benzaken die Fische auf mögliche Krankheitsbilder.

jedoch ist gerade der Heckel-Diskus nach wie vor sehr sensibel und um ihn nachzuzüchten, bedarf es schon sehr großer Bemühungen, was die Wasserzusammensetzung angeht. Überhaupt ist die Zucht von Diskuswildfängen nicht so einfach, denn diese Fische haben einen anderen Jahresrhythmus als Nachzuchttiere.

Auch was die Fütterung von Wildfängen angeht, ist es wesentlich arbeitsintensiver, diese an das entsprechende Ersatzfutter zu bekommen, als dies bei Nachzuchttieren der Fall ist. Nachzuchtdiskus sind wahrscheinlich an alle Futterarten weitgehend gewöhnt und wenig wählerisch, während Wildfänge schon gewisse Futtersorten ablehnen und teilweise sogar Futter regelrecht verweigern.

Nur selten werden kleinere Diskuswildfänge zum Kauf angeboten. In Amazonien werden auch nur selten halbwüchsige Diskusfische, oder sogar kleinere

Diskusfische gefangen. Im Normalfall liefern die Exportfarmen fast ausgewachsene oder ausgewachsene Diskusfische. Wenn Sie jedoch einmal die Gelegenheit haben, halbwüchsige Wildfänge zu kaufen, dann sollten Sie diese nutzen, denn es macht Spaß, die eigenen Wildfänge aufwachsen zu sehen und schließlich haben Sie dann ganz andere Möglichkeiten bei der Auswahl und Pflege Ihrer Diskuswildfänge, als wenn Sie bereits ausgewachsene Fische kaufen müssen. Schon oft mußte ich erleben, wie frisch importierte Diskuswildfänge wenig Beachtung fanden und Monate später bei optimaler Pflege hätte der gleiche Besucher der Anlage fast jeden Preis für diese Juwelen bezahlt. Diskuswildfänge werden bei optimaler Pflege jeden Tag schöner und mit dem entsprechenden „Diskushändchen" gelingt es Ihnen sicher, jetzt Ihre schönsten Diskuswildfänge zu pflegen.

Beim Kauf neuer Diskusfische ist es sehr wichtig, diese für längere Zeit in einem Quarantäne-Aquarium zu beobachten und gegebenenfalls zu behandeln. Wenn Sie mehrere Diskuswildfänge kaufen und diese als Gruppe pflegen, die nicht mit anderen Fischen zusammen kommt, dann ist es durchaus möglich, auf ein spezielles Quarantäne-Aquarium zu verzichten. Werden diese Diskuswildfänge eingesetzt, so ist es doch ratsam eine Quarantänebehandlung vorab durchzuführen. Denn dann sind die Fische im späteren Pflanzenaquarium weitgehend von Krankheiten frei.

Wählen Sie ein möglichst großes Quarantäne-Aquarium aus, denn Diskuswildfänge müssen mehrere Wochen, ja sogar mehrere Monate in Quarantäne gehalten werden. Dies trifft besonders dann zu, wenn sie später mit anderen Diskusfischen zusammengehalten werden sollen. Ein Quarantäne-Aquarium wird zweckmäßigerweise ohne Bodengrund eingerichtet. Bieten Sie den Fischen dennoch Versteckmöglichkeiten in Form von Wurzeln oder größeren Steinplatten an. Auch das Einbringen von ein oder zwei Laichvasen oder Blumentöpfen hilft das Aquarium etwas zu untergliedern und Rückzugsgebiete zu schaffen. Die Filterung eines Quarantäne-Aquariums sollte so ausgewählt werden, daß eine leichte Bedienung und ein problemloser Filtermassenwechsel möglich ist. Dies erscheint logisch, wenn Sie bedenken, daß Sie zum Beispiel Aktivkohle einsetzen können, um Medikamente aus dem Aquariumwasser herauszufiltern. Während der Behandlungszeit darf dann keine Aktivkohle im Filter vorhanden sein, da sonst die Wirkung der Medikamente stark herabgesetzt wird. Beim Einsatz von Medikamenten und Chemikalien im Quarantäne-Aquarium wird logischerweise biologisches Leben im Wasser dezimiert oder völlig zerstört. So wird das biologische Gleichgewicht schnell durcheinander gebracht. Der Einsatz von Medikamenten führt auch dazu, daß sich die Wasserqualität verschlechtert. Kot und Futterreste der Fische müssen auch im Quarantäne-Aquarium regelmäßig abgesaugt werden. Allerdings wird man sich beim Medikamenteneinsatz auf geringe Wasserwechsel beschränken müssen.

In einem Quarantäne-Aquarium können auch keine großen biologischen Filter eingesetzt werden, da die Mikroorganismen dieser Filter durch den Medikamenteneinsatz, im besonderen Antibiotika, zerstört würden. In solchen „toten" Filtern vermehren sich Fäulnisbakterien sehr schnell. Es ist deshalb zweckmäßig Schnell- und Kompaktfilter einzusetzen.

Aquarianer neigen auch dazu, mehrere Medikamente gleichzeitig im Aquarienwasser einzusetzen. Dies kann schlimme Folgen haben, denn man weiß ja nicht genau, welche Kombinationen sich da ergeben können. Es ist also sinnvoller, nur ein Medikament zu verwenden und nach einigen Tagen mit Hilfe von Aktivkohle wieder herauszu-filtern. Anschließend sollte ein Teilwas-serwechsel stattfinden, bevor ein wei-teres Medikament zum Einsatz gelangt. Neben der Verwendung verschieden-ster Medikamente hat sich in der Dis-kusaquaristik auch die Temperaturer-höhung als Heilmittel bestens bewährt. Die Wassertemperatur wird langsam in einem Zeitraum von etwa 24 Stunden auf maximal 35 °C angehoben. Diese Erhöhung versetzt die Fische in einen fieberartigen Zustand, da die Körper-temperatur sich dem Wasser angleicht.

Umständen bei älteren Tieren „und schlechten Wasserverhältnissen" zu Komplikationen kommen. Die Fische werden bei 35 °C zwei Tage gehältert. Anschließend wird die Temperatur wie-der langsam auf Normalwerte gebracht. Sehr wichtig bei dieser Temperaturkur ist die exakte Messung der Wassertem-peratur. Verlassen Sie sich hier nur auf gute Thermometer. Während der Wär-mekur ist darauf zu achten, daß nur geringe Futterrationen gereicht wer-den. Futterreste verwesen sehr schnell. Ein gleichzeitiger Medikamenteneinsatz während der Temperaturkur ist nicht empfehlenswert. Bitte beachten Sie auch, daß keine alten Medikamente mehr im Wasser vorhanden sind. Am Ende einer Temperaturkur ist ein Teil-wasserwechsel angesagt. Wechseln Sie mindestens ein Viertel des Aquarien-wassers aus.

Bei jedem Wasserwechsel ist es ratsam, das Leitungswasser vorher über Aktiv-kohle laufen zu lassen. Dieses Verfah-ren hat sich bestens bewährt, denn heute ist leider unser Trinkwasser schon so belastet, daß manche Fische mit Unwohlsein oder Allergien reagieren. Durch den Einsatz von Aktivkohle wird dies weitgehend verhindert.

Nachdem Sie Ihre neuerworbenen Dis-kuswildfänge jetzt im Quarantäne-Aqua-rium untergebracht haben, ist es zweck-mäßig einige Tage abzuwarten und die Fische zu beobachten. Fühlen sich die Tiere wohl, dann werden sie auch mit

Die erhöhte Temperatur schadet dem Diskus in der Regel nicht. Erst ab einer Temperatur von 36 °C kann es unter

dem Fressen beginnen. Rote Mückenlarven werden anfangs ihr Lieblingsfutter sein. Obwohl Rote Mückenlarven umweltbelastet sein können, ist es dennoch sinnvoll, den Wildfängen anfangs dieses Futter zu bieten. Der Reiz, der von diesem Futter ausgeht, ist doch so groß, daß sich selbst Futterverweigerer überzeugen lassen. Versuchen Sie auch die Fütterung von Schwarzen und Weißen Mückenlarven. Im Laufe der Zeit werden die Fische jedes dargebotene Futter akzeptieren. Hier ist einfach etwas Geduld Voraussetzung. Beobachten Sie immer wieder die Kotabgabe der Fische. Solange der Kot dunkel, schwarz ist, deutet wenig auf einen Befall mit Darmparasiten hin. Zeigt nur ein Fisch einen wässrigen weißen Kotfaden, so müssen Sie die Fische behandeln. Bewährt haben sich in diesem Fall zwei Medikamente. Allerdings müssen Sie sich diese Medikamente in der Apotheke beschaffen oder von einem Tierarzt verschreiben lassen. Versuchen Sie es zuerst mit einem Dauerbad mit Metronidazol. Metronidazol erhalten Sie als Reinsubstanz in der Apotheke. Das weiße Pulver wird in lauwarmem Wasser gelöst und dann ins Aquarium gegeben. Auf 50 l Aquarienwasser verwenden Sie 250 mg Metronidazol. Lassen Sie das Medikament vier bis fünf Tage im Wasser und machen Sie dann einen Teilwasserwechsel.
Das zweite Medikament ist Flubenol 5 Prozent. Hierbei handelt es sich ebenfalls um ein Pulver, welches nach Vermischung mit etwas warmem Wasser direkt ins Aquarienwasser gegeben wird. Die Dosierung beträgt 200 mg auf 100 l Wasser. Zu berücksichtigen ist hierbei, daß Flubenol 5 Prozent nur fünf Prozent des Wirkstoffes Flubendazol enthält. Also gelangen von 200 mg Gesamtmenge nur 10 mg Flubendazol auf 100 l Wasser zur Anwendung. Flubenol 5 Prozent muß dreimal hintereinander angewendet werden. Nach der ersten Anwendung bleibt das Medikament sieben Tage im Wasser. Anschließend wird ein Teil des Wassers gewechselt und die gleiche Menge Flubenol wird als zweite Dosierung zuge

Tip: Weiße Kotfäden sind ein Alarmzeichen für den Diskuspfleger. Diese Fische sind mit Parasiten befallen und müssen unbedingt dagegen behandelt werden, da sie sonst Todeskandidaten sind.

geben. Nach wiederum sieben Tagen erfolgt ebenfalls ein Teilwasserwechsel und die Zugabe der dritten Dosierung. Somit gelangen im Abstand von jeweils sieben Tagen je 200 mg Flubenol 5 Prozent auf 100 l Wasser zur Anwendung. Somit wurden die Fische jetzt für 21 Tage mit Flubenol behandelt. Diese lange Behandlungsdauer ist erforderlich, um auch die Eier der Parasiten und

Kiemenwürmer abzutöten. Nach 21 Tagen erfolgt ebenfalls ein Teilwasserwechsel und eine Filterung über Aktivkohle.

Erhalten Sie Diskuswildfänge, welche deutliche Schäden auf der Haut zeigen, so können Sie diese am einfachsten mit einer Kombination von Malachitgrün und Trypaflavin behandeln. Lassen Sie sich in der Apotheke für eine Stammlösung folgende Mengen zusammenmischen: 5 g Trypaflavin und 50 mg Malachitgrünoxalat. Geben Sie zu Hause diese Mischung in eine Literflasche und füllen Sie mit einem Liter Wasser auf. Diese Stammlösung von 1000 ml reicht Ihnen für 2500 l Aquarienwasser. Messen Sie sich die erforderliche Menge dieser Stammlösung ab und geben Sie sie direkt in das Aquarium. Bitte tragen Sie beim Hantieren mit dieser Lösung immer Gummihandschuhe, denn sie durchdringt Ihre Haut. Lassen Sie das Medikament für drei Tage im Aquarium. Führen Sie dann einen Teilwasserwechsel durch, und filtern Sie Medikamentenreste mit Aktivkohle aus. Beachten Sie bitte, daß diese Medikamentenlösung auch auf Pflanzen schädigend wirkt. Diese Medikamentenlösung wirkt sehr gut gegen Hautflagellaten, welche innerhalb der dreitägigen Behandlung sicher abgetötet werden.

In einem funktionierenden Aquarium befinden sich aber auch nützliche und unschädliche Kleinlebewesen. Am bekanntesten für Aquarianer sind die sogenannten Scheibenwürmer. Hier handelt es sich um Planarien, die oft massenhaft auftreten können. Meist werden sie mit tiefgefrorenem Futter eingeschleppt. Sie sind nur schwer zu bekämpfen, treten zum Glück aber nur periodisch auf. In Aquarien mit starkem Fischbesatz und hohem Futteraufkommen werden sie in größeren Mengen beobachtet. Im Aquarienwasser leben weitere Kleinstlebewesen wie Sonnentierchen, Rädertierchen oder Glockentierchen, welche alle harmlos sind. Unter dem Mikroskop betrachtet können sie aber richtig gefährlich aussehen. Lassen Sie sich bitte aber nicht durch jeden Blick durchs Mikroskop dazu verleiten, ein neues Medikament in das Aquarium zu werfen.

Nach einigen Wochen erfolgreicher Quarantäne-Behandlung werden die gesunden Diskusfische in das Hälterungsaquarium umgesetzt. Voraussetzung für die Beendigung einer Quarantäne ist auch, daß die Fische jetzt zahlreiche Futtersorten akzeptieren.

Das richtige Aquarium für Ihre Diskuswildfänge zu finden, ist nicht schwer, wenn Sie die einfache Regel befolgen „Je größer, desto besser!". Dies ist natürlich einfach gesagt, aber es ist tatsächlich so, daß größere Aquarien biologisch gesehen wesentlich unkomplizierter zu pflegen sind, als kleine Aquarien. Bei Diskuswildfängen werden Sie ja nicht von vornherein versuchen, ein Pärchen zusammenzustellen und dieses in ein kleineres Zuchtaquarium zu setzen, sondern Sie werden ja mehreren Diskus die Möglichkeit bieten, gemeinsam zu leben und eventuell selbst eine Paarbildung vorzunehmen. Dies wäre sicherlich die ideale Form der Paarbildung, wobei Sie sich allerdings in

der Regel auf eine längere Wartezeit einstellen müssen, denn Diskuswildfänge laichen nicht sehr schnell im Heimaquarium ab, denn ihr Laichverhalten ist von mehreren Faktoren beeinflußt. So spielen zum Beispiel die Jahreszeit und auch gewisse Wetterlagen eine bedeutende Rolle.

Der einfachste und für Diskusfische auch meistens eingesetzte Aquarientyp ist die Auswahl eines Aquariums ohne Bodengrund und Pflanzen. Als Einrichtungsgegenstände werden üblicherweise Tonvasen eingesetzt, welche die Fische auch stimulieren sollen, an ihnen abzulaichen. Die eine oder andere Wurzel ist ebenfalls noch in einer solchen Behausung vorzufinden und dann war es dies schon. Diese fast sterilen Aquarien sind sehr einfach zu reinigen und dadurch kann selbstverständlich eine Krankheitsvorbeugung erreicht werden. Doch auch eingerichtete Aquarien lassen sich durch regelmäßigen Teilwasserwechsel, eine gute Filterung und einen mäßigen Besatz mit Fischen sehr gut pflegen und sauberhalten. Es spräche also nichts dagegen, den Diskusfischen doch einen Bodengrund und einige natürliche Pflanzen an-

Meist werden Diskusfische in sterilen Aquarien ohne Bodengrund gehältert. Dies hat sicherlich den Vorteil, daß Kot- und Futterreste gut abgesaugt werden können.
Foto: Aqualife Taiwan

33

Wurzeln sind ein gern verwendetes Einrichtungsmedium. Nur Hartholz darf verwendet werden, da sonst ein starker Modergeruch und Faulgase entstehen.

zubieten. Bei der Auswahl der Wurzeln ist immer Vorsicht angeraten, denn sollten diese Wurzeln noch sehr viele Gerbstoffe und Huminstoffe abgeben, dann kann es vorkommen, daß das Wasser sehr schnell bräunlich wird und außerdem macht sich ein leichter Modergeruch bemerkbar. Dies ist unbedingt zu vermeiden, denn durch dahinmodernde Wurzeln kommt es schnell zu einem Unwohlsein der Diskusfische und sie beginnen dann zu kränkeln. Die Wurzeln müssen deshalb gut gereinigt und nach Möglichkeit auch längere Zeit gewässert werden, bevor sie in das Aquarium kommen. Durch einen regelmäßigen Teilwasserwechsel von mindestens 20 % in der Woche können unangenehme Farbstoffe weitgehend aus dem Wasser entfernt werden. Auch der Einsatz eines Kohlefilters sorgt dafür, daß unerwünschte Farbstoffe dem Wasser entzogen werden. Wie sie auf einigen Bildbeispielen in diesem Buch sehen können, ist die Kombination von feinem, hellem Bodengrund mit einigen braunen Wurzeln und sattgrünen Pflanzen eine sehr gelungene Kombination für ein Diskusaquarium. Schauen wir in die Natur,

so stellen wir fest, daß dort oftmals ein heller, feinsandiger Bodengrund vorherrschend ist. Unsere Diskusfische sind es also gewohnt, über einem hellen Sandboden zu leben. Der Sand kann gar nicht fein genug sein, denn die Fische lieben es, darin nach verstecktem Futter zu suchen und den Sand dazu aufzublasen, um an das Futter zu kommen. Es ist nicht nötig, im gesamten Aquarienbereich, den Sand zu hoch anzuordnen. Mit Hilfe von Trennsteinen können Sie das Aquarium in eine vordere und eine hintere Hälfte aufteilen. Im Vordergrund genügt dann eine Sandschicht von etwa einem Zentimeter Höhe, wo sich Futterreste übrigens auch sehr leicht absaugen lassen. Im hinteren Aquarienbereich wird dann stellenweise bepflanzt und dort kann der Sand ohne weiteres fünf bis sieben Zentimeter hoch geschichtet werden. Wie ein solches Aquarium übrigens absolut perfekt nach japanischen Vorgaben eingerichtet werden kann, wird in dem bede-Buch „Diskus im Naturaquarium" von dem japanischen Großmeister T. Amano bestens erklärt.

Wenn Sie sich entschlossen haben, ein solches Aquarium mit Bodengrund einzurichten, dann wählen Sie es bitte nicht zu klein. Ideal wäre eine Mindestlänge von 120 cm bei gleichzeitiger Aquarientiefe von 60 cm und einer Mindesthöhe von 50 cm. Selbstverständlich sind größere Aquarien noch idealer, aber wir wollen es ja für den Anfang vielleicht nicht übertreiben. Beim Aufstellen solcher Aquarien in modernen Wohnräumen gibt es eigentlich keine baulichen Einschränkungen, denn bis zu 1.000 kg Gewicht auf eine solche Grundfläche verteilt, hält jedes Gebäude gut aus. Damit es keine unnötigen Spannungen auf der

Glasbodenplatte des Aquariums gibt, empfiehlt es sich immer, ein Aquarium mit einer flexiblen Zwischenschicht auszugleichen. Zwischen Untergestell und Aquarium kommt also eine dünne Styropor- oder Schaumstoffplatte, die Unebenheiten und Spannungen ausgleicht. Je nach Menge der Aquarienpflanzen, die Sie für das Aquarium einplanen, empfiehlt es sich möglicherweise eine Kabelheizung in den Boden zu verlegen. Die Zirkulation des Wassers wird durch die Wärmeleitung des Heizkabels erheblich verbessert, und dies kommt dem Pflanzenwuchs zugute. Allerdings ist eine solche Heizungstechnik nur dann erforderlich, wenn auch eine entprechend große Anzahl von Pflanzen im Bodengrund eingesetzt wird. Wenn Sie sich nur auf zwei, drei Solitärschaustücke beschränken, ist eine solche Heizung sicherlich nicht nötig. Dann können Sie auf die übliche Thermostatbeheizung mit einem Stabheizer ausweichen.

Beim Diskuschampionat 1998 in Belgien wurde dem Betrachter aufgezeigt, wie attraktiv Diskusaquarien sein können.

*In bepflanzten Aquarien muß ein CO_2-Diffusor eingesetzt werden.
In den Fanggebieten des Rio Negro ist das Wasser arm an CO_2 und kaum Wasserpflanzenwuchs zu finden.*

Bei einer Bepflanzung empfiehlt es sich immer eine Kohlendioxiddüngung einzuplanen. Nur dann hat man wirklich Freude an seinen Aquarienpflanzen. Kohlendioxiddüngungen gibt es in den verschiedensten Varianten auf dem Markt, und Sie sollten sich hier vielleicht einmal einige in Ihrem Fachgeschäft ansehen, um dann zu entscheiden, welche Anlage die richtige für Sie sein wird. Komfortabel ist eine Kohlendioxiddüngung mit automatischer Nachtabschaltung, so daß während der Nachtzeit nicht unnötig Kohlendioxid verbraucht wird. Die kleinen Gasbläschen werden über Kontaktrohre mit dem Aquarienwasser in Verbindung gebracht und gehen dann in Lösung. Das Kohlendixid löst sich im Wasser und kann jetzt von den Pflanzen aufgenommen werden. Diese Art der Düngung ist in-

zwischen so perfektioniert worden, daß man sie kaum noch aus der Aquaristik wegdiskutieren kann.

Licht ist ein weiterer Faktor, um Pflanzen gut zum Wachsen zu bringen. Es gibt für das Pflanzenwachstum speziell abgestimmte Leuchtstoffröhren, die ebenfalls in vielen Varianten im Fachhandel angeboten werden. Wenn der Pflanzenwuchs in Ihrem Aquarium eindeutig im Vordergrund stehen soll, dann ist es schon nötig, eine entsprechende Lichtmenge für die Pflanzen bereitzuhalten. Eine Neonröhre über einem Aquarium ist dann einfach zu wenig. Besser ist es schon, drei geeignete Röhren über einem solchen Aquarium zu montieren. Denken Sie auch daran, daß diese Leuchtstoffröhren einer Alterung unterliegen und im Wechsel ist immer wieder eine solche Röhre auszutauschen. Obwohl Ihre Aquarienpflanzen viel Licht benötigen, sollte es dennoch kein Tageslicht sein. Meiden Sie also für Ihr Aquarium Fenster und natürliches Licht, denn damit ist immer eine Algenplage verbunden.

Bei der Einrichtung eines solchen Diskusaquariums müssen Sie sich etwas Zeit lassen, denn es dauert schon, bis das biologische Gleichgewicht im Aquarium perfekt ist. Es ist absolut unsinnig, ein solches Aquarium einzurichten und am nächsten Tage schon Diskusfische einzusetzen. Sie schaden Ihren Fischen nur, wenn Sie so handeln. Ist da der Bodengrund in das Aquarium eingebracht worden, die Pflanzen haben ihren Platz gefunden und das Wasser ist eingefüllt, dann empfiehlt es sich, die gesamte Technik sofort in Betrieb zu nehmen. Neben der Beleuchtung und Heizung spielt die Filterung die dritte bedeutende Rolle in einem Aquarium. Filterung bedeutet Wasserbewegung, aber auch Entfernen von Schadstoffen aus dem Wasser. Die Filterung soll so dimensioniert sein, daß sie zur Größe des Aquariums und zum Besatz mit Fischen paßt. Welche Filtermethode Sie wählen, das ist zum Einen Geschmackssache, zum Anderen natürlich auch Ansichtssache. Im Fachhandel gibt es zahlreiche verschiedene Filtersysteme und alle sind irgendwie

> **Tip:** Bevor Sie Ihre Fische in ein neu eingerichtetes Aquarium setzen, muß dieses mindestens zwei Wochen im Probebetrieb laufen. Dann hat sich ein biologisches Gleichgewicht eingespielt.

geeignet, ein Aquarium bestens zu filtern. Bei regelmäßigen größeren Teilwasserwechseln kann das Filtersystem etwas kleiner dimensioniert werden. Viele Diskusaquarianer schwören auch auf sogenannte Biofilter, in denen dann das Wasser über mehrere Filterkammern geleitet wird und in die einzelnen Filterkammern kann das verschiedenste Filtermaterial eingesetzt werden. Diese biologischen Langsamfilter haben meist sehr lange Standzeiten, wenn eine gute Vorfilterung vorgenommen wird. Dies bedeutet, daß in der ersten Filterkammer eine Grobreinigung mit Hilfe von Filterwatte stattfindet und diese Filterwatte regelmäßig entfernt wird. So gelangen nur feinste Schmutzpartikel in den eigentlichen Biofilter und werden dort von Bakterien zersetzt. Beim Einsatz eines großen Diskusschauaquariums empfiehlt es sich, dieses auch alleine zu filtern und nicht in einen Filterkreislauf mit mehreren Aquarien zu hängen. Auch eine Schnellfilterung kann für ein solches Schauaquarium nützlich sein, denn dann lassen sich – wie der Name schon sagt – schnell Abfallstoffe beseitigen. Auch die sogenannten Topffil-

Die motorbetriebenen Außenfilter können gut unter den Aquarien versteckt werden. Durch den Einsatz verschiedener Filtermassen kann die Wasserzusammensetzung beeinflußt werden.

Rieselfilter sind bei Diskusaquarianern sehr beliebt. Dieses Modell im Eigenbau zeigt schön, wie das Wasser tropfenweise von oben nach unten über die Filtermedien abläuft.

ter mit aufgesetzten Motorköpfen sind für solche Einzelaquarien sehr gut geeignet. Das Wasser wird hier aus dem Aquarium gesaugt, durch den Topffilter mit verschiedenen Filtermassen gepreßt und mit Hilfe der Motorpumpe in das Aquarium zurückgeleitet. Diese einfache, aber seit vielen Jahrzehnten ausgereifte Filtertechnik ist heute aus der Aquaristik nicht mehr wegzudenken.

Sie haben sich herrliche Diskuswildfänge besorgt, diese einer mehrmonatigen Quarantäne unterzogen und jetzt wollen Sie das Risiko nicht eingehen, diese in einem eingerichteten Aquarium zu pflegen, weil Sie befürchten, daß sich hier schneller Krankheiten ausbreiten können. Vielleicht sind Sie auch noch nicht so fit in der Diskuspflege, so daß Sie erst einmal Erfahrungen sammeln, und sich deshalb für ein Aquarium ohne Einrichtung entscheiden wollen. Dies ist auch akzeptabel, wenn Sie versuchen, den Fischen zumindest einige geeignete Versteckplätze anzubieten. Aquarianer kommen dann auf die tollsten Ideen und vielleicht wäre dies eine Möglichkeit für Sie, wenn Sie geeignete Moorkienwurzeln an einer Seite gerade abschneiden und mit Hilfe von Silikonkleber direkt in das Aquarium kleben. Die Wurzeln können dann so hineingeklebt werden, daß sie natürliche Versteckplätze bilden. Durch den Einsatz solcher Wurzelunterstände sieht

ein Diskusaquarium gleich etwas natürlicher aus. Eine weitere Möglichkeit wäre es, einzelne Aquarienpflanzen in kleine Töpfe zu setzen und direkt in das Aquarium zu stellen. Auch sehr dekorativ ist es, geeignete Pflanzen wie *Anubias,* Farne oder Moose direkt auf die Wurzeln aufzubinden. Zum Festbinden kann feine Angelschnur verwendet werden. Auch der Einsatz von Wollfäden ist möglich, wobei diese nach einiger Zeit verrotten und dann nicht mehr auffindbar sind. Inzwischen haben die Pflanzen Gelegenheit, sich mit ihren Wurzeln auf dem Moorkienholz festzuklammern und dann hat die Befestigung ihren Zweck erfüllt. Sie sehen, daß es also mit etwas Fantasie möglich ist, auch ein Aquarium ohne Bodengrund pflegeleicht, aber dennoch optisch schön einzurichten. Ein großer Vorteil eines solchen „sterilen" Aquariums ist die einfache Pflege. Täglich können der Bodengrund abgesaugt und Futterreste entfernt werden. Dieses Absaugen von Futterresten ist übrigens sehr wichtig, denn durch Schmuddelecken mit Futterresten kann es sehr schnell zu einer Wasserverschlechterung und auftretenden Krankheiten kommen.

Aquarien ohne Bodengrund lassen sich auch wesentlich einfacher filtern und meist besitzen Diskusliebhaber ja mehrere solcher Aquarien und dann kann man schon überlegen, ob man diese nicht an einen Zentralfilter schließt. Mit Hilfe eines Zentralfilters ließen sich dann mehrere Aquarien gleichzeitig betreiben. Solche Zentralfilter stehen oft unter den Aquariengestellen und besitzen mehrere Filterkammern. Über ein Rohrsystem läuft aus jedem Aquarium das zu filternde Wasser in den Zentralfilter. In der ersten Filterkammer wird das einströmende Wasser grob gefiltert. Hierzu wird wieder Filterwatte verwendet, die – je nach Größe der Anlage – täg-

Diskusfische lieben Verstecksplätze, und wie in der Natur halten Sie sich auch im Aquarium gerne unter Wurzelstöcken auf.

Die Wurzelenden wurden glatt abgesägt und mit Silikonkleber im Aquarium befestigt. So lassen sich mit Wurzeln schöne Unterstände und Versteckplätze für die Wildfänge nachbauen.

lich ausgewaschen wird. Aus der ersten Filterkammer fließt das Wasser dann in die weiteren Hauptfilterkammern, die je nach Meinung des Liebhabers verschieden bestückt werden können. Der eine schwört auf Kies als Filtermaterial, der andere auf blaue Filtermatten. Andere Aquarianer bevorzugen dagegen den Einsatz von Glassinterröhrchen oder Tonkugeln, ja sogar von Plastikbällen. Hat das Wasser die Filterkammern durchströmt, so gelangt es in eine letzte Klarwasserkammer, in der eine entsprechend dimensionierte Pumpe sitzt und das Wasser wieder zurück in die Aquarien verteilt. Diese Zurückverteilung geschieht mit Hilfe von Hähnen, so daß sich der Einlauf in die einzelnen Aquarien regeln läßt. Je nach Einlaufmenge läuft die entsprechende Menge Wasser über das Überlaufsystem dann wieder in den Filter zurück. Wie Sie sehen, handelt es sich also um ein einfaches Überlaufsystem, welches sehr einfach und effektiv zu betreiben ist. Bei solchen

Zentralfiltern gibt es auch die Möglichkeit, die Heizung direkt im Filter zu installieren und somit alle Aquarien gleichzeitig vom Filter aus zu beheizen. Über den Zentralfilter können auch besondere Filtermedien eingesetzt werden. So wäre es denkbar, mit Hilfe von Aktivkohle im Zentralfilter Medikamente herauszufiltern.

Die nächste Variante der Filterung wäre die Einzelfilterung der Hälterungsaquarien. Auch Zuchtaquarien werden oft einzeln gefiltert, um das Wasser für die Zuchtpaare individuell steuern zu können. Ideal für Zuchtaquarien sind biologisch funktionierende Langsamfilter, die aus einfachen Schaumstoffpatronen bestehen. Meist wird dann eine Schaumstoffpatrone auf ein Kunststoffrohr aufgesteckt und mit Luft als Filtermedium betrieben. Die aufsteigende Luft reißt das Wasser mit und zwängt es durch die Schaumstoffpatrone. In den winzigen Hohlräumen des Schaumstoffs bilden sich Ruhezonen für nitrifizierende Bakterien. Diese Filter funktionieren sehr gut, wenn ständig sauerstoffreiches Wasser durch das Filtersubstrat fließt. Natürlich verstopft nach einigen Wochen die Schaumstoffpatrone langsam aber sicher, und dann muß sie ausgespült werden. Das Ausspülen ist in lauwarmem Wasser vorzunehmen, damit die Bakterien in der Filterpatrone nicht geschädigt werden. Bei diesem vor-

Tip: Ein Filter sollte möglichst nie komplett ausgewaschen und gereinigt werden. Es empfiehlt sich immer, nur Teile des Filtermaterials durchzuspülen, damit genügend Bakterien im Filter erhalten bleiben.

sichtigen Ausspülen bleiben soviele Bakterien in der gereinigten Patrone erhalten, daß die Filterwirkung anschließend wieder sehr gut ist. Gerade für züchtende Paare mit Jungfischen hat sich eine solche Filtermethode bestens bewährt, denn die Jungfische können nicht in den Filter gezogen werden. Die kleinen Fische haben sogar die Möglichkeit, auf diesem Filtermedium Kleinstlebewesen und feinste Nahrungspartikel zu finden. Die einfache Filterung von Zuchtaquarien setzt aber auch voraus, daß übriggebliebene Futterreste regelmäßig abgesaugt werden. Keinesfalls dürfen Futterreste verwesen, denn dann bilden sich sehr schnell Krankheitsherde und Wasserbelastungen im Aquarium.

Filterpatronen für einfache luftbetriebene Filter besitzen den Vorteil, daß sie eine große biologische Wirksamkeit bekommen. Auch die Jungbrut wird durch solche Filter nicht gefährdet.

Heizung und Beleuchtung

Unsere Diskusfische lieben eine höhere Wassertemperatur als die meisten anderen Zierfische. So richtig wohl fühlen sie sich erst bei Wassertemperaturen von 28 °C und darüber. In ihren Heimatgewässern kommt es in den flacheren Überschwemmungszonen durchaus zu Wassertemperaturen um 33 °C und es ist gerade bei Wildfängen meiden. Geheizt werden die Aquarien in der Regel mit Thermostatstabheizern, die es inzwischen in den verschiedensten Versionen im Fachhandel gibt. Wenn Sie ein Markengerät erwerben, dann sind Sie auf der sicheren Seite, was einen reibungslosen Heizungsbetrieb angeht. In größeren Aquarien oder in großen Zentralfiltern

Diskusfische lieben eine gedämpfte Beleuchtung und manchmal empfiehlt es sich, einen Teil des Aquariums mit Schwimmpflanzen abzudecken, um die Lichtmenge zu reduzieren.

wichtig, die Wassertemperatur immer gewissen Schwankungen unterliegen zu lassen. Sie sollten also auch im Aquarium darüber nachdenken, die Wassertemperatur nach oben und nach unten zu variieren, was letztendlich dazu führen kann, daß Ihre Diskusfische zum Ablaichen angeregt werden. Extremtemperaturen sind selbstverständlich bei dieser Methode zu ver- empfiehlt es sich, mehrere Heizstäbe einzusetzen, so daß doch einmal der Ausfall eines Heizstabs spurlos an den Aquarieninsassen vorübergeht, weil jetzt die anderen Heizer die zusätzlich anfallende Temperaturregelung erledigen können. Da eine Wassertemperatur von 28 °C und höher auch Kosten verursacht, empfiehlt es sich, die Aquarien auch soweit wie möglich zu isolieren. Dabei hat es sich bewährt, zumindest die Seiten und Rückscheiben von außen mit einer Styroporisolierung zu bekleben.

Die Wassertemperatur wird auch sehr gerne als Heilmittel für mögliche Diskuskrankheiten eingesetzt. So ist es beispielsweise üblich, Diskusfische, die von Parasiten gequält werden, mit einer Temperaturkur heilen zu wollen. Dabei wird über einen Zeitraum von zwei bis drei Tagen die Wassertemperatur von 28 °C auf 36 °C erhöht. Allerdings ist es dabei wichtig, sehr exakt die Temperatur zu kontrollieren. Ist die Temperatur von 36 °C erreicht worden, bleiben die Fische für weitere zwei bis drei Tage bei diesem Temperaturbereich und dann wird wieder über zwei Tage verteilt die Temperatur auf Normalwerte abgesenkt. Diese Temperaturkur ist zwar sehr stressig für die Fische, sie kann aber durchaus bei Krankheiten sehr hilfreich sein. Allerdings ist immer zu gewährleisten, daß das Wasser ausreichend mit Sauerstoff versehen wird. Auch dürfen solche Kuren nur unter ausreichender Kontrollmöglichkeit durchgeführt werden.

Wenn Sie Ihr Diskusaquarium nicht bepflanzen oder nur die eine oder andere genügsame Pflanze auf eine Wurzel aufbinden, dann können Sie ein solches Aquarium sicherlich etwas schwächer als üblich beleuchten. Es ist nicht gesagt, daß Diskusfische immer ein dämmriges Aquarium vorziehen, denn oft tritt gerade in solchen schlecht beleuchteten Aquarien der Effekt auf, daß die Fische sehr scheu werden. Andererseits müssen solche Aquarien aber auch nicht übermäßig ausgeleuchtet werden, denn wo kaum Versteckplätze vorzufinden sind, da ist es auch nicht nötig, die Diskus unnötig mit grellem Licht zu behelligen. Hier müssen Sie einfach selbst das vernünftige Mittelmaß finden.

Bepflanzte Aquarien benötigen dagegen etwas mehr Licht und gerade wenn Sie etwas lichtbedürftigere Pflanzen im Diskusaquarium pflegen wollen, dann müssen Sie deren Lebensgewohnheiten Rechnung tragen und stärker beleuchten. Künstliches Licht ist für den Algenwuchs meist wesentlich weniger förderlich als vergleichsweise natürliches Licht, und deshalb muß nochmals die Aufforderung wiederholt werden, das Aquarium nicht in den Bereich von Tageslichteinfall zu stellen. Ihre Pflanzen und Ihre Fische benötigen einen Tag-Nacht-Rythmus und in der Regel müssen Sie das Aquarium täglich zwölf Stunden beleuchten.

Das richtige Diskuswasser

Manche Diskusliebhaber müssen einen enormen technischen Aufwand betreiben, um ihr ideales Diskuswasser zu bekommen. Sind keine Nachzuchtabsichten vorhanden, dann kommt man mit mittleren Wasserwerten durchaus noch gut zurecht.

Im Normalfall reicht für den „Normalaquarianer" sein Leitungswasser völlig aus, um ein Aquarium erfolgreich zu betreiben. Wenn es ihm gelingt, sein Wasser auf einen pH-Wert von durchschnittlich 7,0 und eine Gesamthärte in einem Bereich von 10 °dGH einzustellen, dann kann kaum etwas passieren. Auch wenn viele Leitungswässer stark gechlort sind, so ist dies kaum von großer Bedeutung, denn notfalls genügt es, dieses Wasser einfach einen Tag abstehen zu lassen. Anders sieht es schon bei der Pflege von Diskusfischen aus. Diskusfische sind Bewohner von sehr weichen Gewässern und es sollte doch möglich sein, diesen Fischen und insbesondere Diskuswildfängen ein ähnliches Wasser im Aquarium zu bieten. Doch dies ist nicht so einfach, denn öffentliches Trinkwasser wird meist aufgehärtet und der pH-Wert wird über 7 eingestellt. Wir Diskusaquarianer haben jetzt das Problem, dieses Wasser wieder Diskusgerecht zu machen. Dazu gibt es verschiedene Methoden und je nach Ausgangswasser müssen Sie mehr oder weniger Arbeit in diese Wasseraufbereitung stecken. Haben Sie das Glück, ein weicheres oder nur mittelhartes Leitungswasser zu bekommen, dann brauchen Sie für die Hälterung der Diskusfische das Wasser kaum aufzubereiten. Oft genügt es schon, das Wasser in einem größeren Wasserbehälter einige Tage zu lagern oder dort über

Kohle zu filtern. Durch die Kohlefilterung werden zahlreiche Schadstoffe herausgezogen und das Wasser wird wesentlich fischgerechter. Liegt die Gesamthärte Ihres Leitungswassers nur um 10 °dGH, dann können Sie dieses recht einfach durch den Einsatz von Torf weiter enthärten. Man stellt sich hierzu einen einfachen Torffilter her, was nichts anderes bedeutet, als daß man ungedüngten, hellbraunen sogenannten Weißtorf aus Hochmooren als Filtermaterial für das Aquarium benutzt. Natürlich wird nicht der gesamte Filter mit Torf bestückt, sondern nur ein Teil des Filtervolumens. Der Torf nimmt die Härte teilweise aus dem Wasser und fügt Huminsäuren zu, so daß auch der pH-Wert langsam abfällt. Wenn Sie beispielsweise Topffilter verwenden, dann können Sie sehr gut auch eine gewisse Menge an Torf in einen Damenstrumpf einbinden und einfach in diesen Filtertopf legen. Der verbrauchte Torf läßt sich nach einigen Tagen mühelos wieder mitsamt dem Nylonstrumpf aus dem Filter entfernen. Diese Technik mit den Nylonsäcken aus Damenstrümpfen können Sie auch in kleinerem Stil direkt für Zuchtaquarien oder Außen-

Tip: Mit Torf läßt sich das Wasser etwas enthärten und dann auch leicht ansäuern. Jedoch darf man keine Wunder erwarten. Eine gute Enthärtung ist nur mit Umkehrosmose oder Ionenaustausch möglich.

filter verwenden. So habe ich immer wieder Nylonstrümpfe mit einem halben Liter Torf gefüllt und dann direkt in das Zuchtaquarium eingehängt, um den pH-Wert über mehrere Tage und Wochen langsam abzusenken. Gerade beim Ablaichen und Aufziehen der Jungfische gab es durch diese Methode verblüffende Reaktionen. Allerdings müssen Sie auch immer berücksichtigen, daß weiches Wasser sehr labil ist, was pH-Wertschwankungen angeht.

Sehr weiches Wasser kann also bei zusätzlicher Ansäuerung sehr schnell unkontrolliert im pH-Wert fallen und dann kann es zu Schädigungen der Fische durch einen zu niedrigen pH-Wert kommen. Radikale pH-Wertänderungen sind immer zu vermeiden. Eine etwas ältere Methode, um Aquarienwasser zu enthärten, ist der Einsatz von Ionenaustauschern. Es gibt zwei Arten von Ionenaustauscherharzen. Zum Einen den sogenannten Kationenaustauscher und zum Anderen Anionenaustauscher. Diese Austauscherharze werden zur Teil- oder Vollentsalzung des Aquarienwassers eingesetzt. Wenn Sie sich genauer mit dieser Methode auseinandersetzen wollen, dann sollten Sie das Buch von Hanns Joachim Krause: „Handbuch Aquarienwasser" als Standardwerk heranziehen. Das Austauscherharz baut die Wasserwerte sozusagen um und erschöpft sich auch mit zunehmenden Wasserdurchfluß. Die Harze müssen immer wieder regeneriert werden und diese Regenerierung ist eigentlich das Problem, denn es muß hier mit Salzsäure und Natronlauge gearbeitet werden. Da viele Aquarianer diese Prozedur scheuen, greifen sie auf die Möglichkeit der Umkehrosmose zurück. Mit der Umkehrosmose hat es in den letzten Jahren in der Aquaristik eine interessante Wasseraufbereitungstechnik gegeben, die sehr einfach und unproblematisch ist. Heute gibt es die

45

verschiedensten Umkehrosmoseanlagen für jede Aquariengröße zu erschwinglichen Preisen im Fachhandel. Das Kernstück einer Umkehrosmoseanlage ist eine halbdurchlässige Membran. Das Leitungswasser enthält Salze und gelöste Stoffe, welche die feine Membran nicht durchdringen können. So erhält man mittels hohem Druck auf der einen Seite der Membran nahezu reines Wasser und auf der anderen eine stärker konzentrierte salzige Lösung. Vereinfacht müssen Sie sich dieses Verfahren wie eine ultrafeine Filterung vorstellen. Die meisten Umkehrosmosegeräte für aquaristische Zwecke kommen mit dem üblichen Wasserleitungsdruck gut zurecht, und Sie müssen dann keine zusätzliche Motorpumpe kaufen. Nur bei größeren Wasserverbräuchen empfiehlt es sich doch, eine zusätzliche Motorpumpe einzusetzen. Zu beachten ist, daß die meisten Membranfolien empfindlich gegen Chlor und grobe Verschmutzungen sind. Es empfiehlt sich deshalb immer, einen Aktivkohlefilter vor eine Umkehrosmoseanlage zu schalten. Auch der Einsatz eines speziellen vorgeschalteten Schmutzfilters ist günstiger. Die kleinen Osmoseanlagen sind sehr einfach aufgebaut und es gibt einen Einlauf für das Leitungswasser, einen Ablauf für das Reinwasser, welches wir im Aquarium verwenden wollen; dieses wird Permeat genannt. Und zum Dritten gibt es das

salzige Abwasser, welches Konzentrat genannt wird. Das Reinwasser ist soweit von salzigen Stoffen gereinigt, daß es einen sehr geringen elektrischen Leitwert besitzt und es ist nicht selten, daß Umkehrosmosewasser zum Beispiel nur noch einen elektrischen Leitwert von 10 μs/cm besitzt. Dieses Reinwasser kann fast mit einem destillierten Wasser verglichen werden. Natürlich ist das Abwasserkonzentrat kein schlechtes Wasser, denn es ist ja nur gering salzhaltiger geworden und stellt immer noch gutes Trinkwasser dar und somit können Sie es ohne weiteres für andere Zwecke im Haushalt verwenden.
Wenn Sie also ein für Diskusfische ungünstiges Leitungswasser zu Hause haben, dann müssen sie schon über die Anschaffung einer Umkehrosmoseanlage nachdenken, vor allem dann, wenn Sie sich mit Zuchtgedanken tragen. Das Umkehrosmosewasser ist so stark entsalzt worden, daß es sich empfiehlt, wieder gezielt aufzusalzen – was bedeuten kann – daß Sie beispielsweise wieder etwas Leitungswasser zufügen oder sich spezielle Aufhärtesalze im Fachhandel besorgen und probeweise zusetzen. Sie müssen speziell für die Zucht von Diskuswildfängen ein gewisses Fingerspitzengefühl entwickeln und mit den Wasserwerten spielen. Hier ist Ausdauer angesagt und nur so kommt man zum Erfolg.

Wenn Sie sich mit der Pflege von Diskuswildfängen befassen, dann sind diese sicherlich zur Hauptsache für Sie im Aquarium geworden. Somit spielen andere Aquarienfische zur Vergesellschaftung mit den Diskus wohl eher eine untergeordnete Rolle für Sie. Sicherlich erfreuen Sie sich in erster Linie an Ihren gesunden Wildfängen und wenn Sie gar beabsichtigen, Zuchtpaare zu pflegen, dann erübrigt es sich meist, andere Zierfische dazuzusetzen. Oft beschränken sich Diskuspfleger darauf, den einen oder anderen Wels als Reste- und Algenvertilger in einem Diskusaquarium einzusetzen und das war es dann schon. Wenn Sie sich jedoch entschlossen haben, ein bepflanztes Aquarium mit Bodengrund für Ihre Diskusfische aufzustellen, dann wird dieses Aquarium wahrscheinlich in einem Wohnraum stehen und dann sieht es sehr attraktiv aus, wenn beispielsweise ein Schwarm Roter Neon oder Rotkopfsalmler in diesem eingerichteten Aquarium schwimmt. Ein Farbklecks, der sicherlich sehr reizvoll ist, aber auch

Dieser Sturisoma aureum ist kein echter Algenvertilger, hält aber die Aquarienscheiben dennoch sauber. Ins Zuchtaquarium sollten Welse nicht eingesetzt werden, da sie möglicherweise doch die Diskuseier auffressen.

47

einige Problemchen mit sich bringen kann, zumindest was die Diskuspflege angeht. Das erste Hindernis für vergesellschaftete Beifische sind die hohen Temperaturen, bei denen Diskusfische gehältert werden. Nicht jeder Zierfisch verträgt auf Dauer hohe Temperaturen von 28 bis 30 °C. Hier müssen Sie sich beraten lassen und die einschlägige Fachliteratur studieren, um die richtigen Partner für Ihren Diskusfisch zu finden. Es macht auch wenig Sinn, ein Sammelsourium von

Tip: Friedliche Beifische wie Welse oder Salmler können mit Diskusfischen vergesellschaftet werden. Skalare und andere Cichliden können bei Revierkämpfen Probleme bereiten.

verschiedenen Fischarten zu den Diskusfischen zu setzen, denn dann verliert das Aquarium seine optische Wirkung. Der Mittelpunkt des Aquariums sollen die Diskusfische bleiben. Diese großen majestätischen Fische bieten schon so viel für den Betrachter, daß es eigentlich ausreichen würde, sich auf Diskusfische zu beschränken. Gegen einen Schwarm Corydoras-Panzerwelse ist nichts einzuwenden, denn diese friedlichen Welse durchstreifen das Aquarium auf der Suche nach Nahrung, schießen immer wieder zum Luft-

holen an die Wasseroberfläche und sind absolut friedlich. Übrigens gibt es so viele Corydoras-Arten, daß Sie sich leicht die Ihnen am schönsten erscheinenden Welse aussuchen könnten. Pflegen Sie aber bitte diese Corydoras auch unbedingt in Schwärmen, was für ein Diskusaquarium sicherlich bedeuten muß, daß Sie mindestens fünf, besser sieben oder gar neun solcher kleiner Prachtkerle im Aquarium pflegen. Wenn Sie sich für Zierfische aus dem Amazonasgebiet entscheiden, dann ist die Wahl – zumindest was die Wasserbedinungen angeht –, schon richtig gewesen. Sehr viele Salmlerarten können als Schwarmfische in ein Diskusaquarium integriert werden und der als Klassiker bestens bekannte Rote Neon ist hier sicher einer der Favoriten. Allerdings kommt auch er nur in größeren Schwärmen wirklich zur Geltung und zwei Dutzend solcher Aquarienwinzlinge müssen es schon mindestens sein, damit der Neonschwarm auch einigermaßen attraktiv aussieht. Neben den friedlichen Welsen und den unproblematischen Salmlern sind kleinere Cichliden, wie beispielsweise die Schmetterlingsbuntbarsche, durchaus zur Vergesellschaftung geeignet. Auf Großcichliden sollten Sie weitgehend verzichten, denn diese stellen in erster Linie Nahrungskonkurrenten für die Diskusfische dar, und ein weiterer Punkt ist, daß diese Cichliden immer gerne Reviere im Aquarium abstecken

Bei großer Aufmerksamkeit des Pflegers können Altum-Skalare mit Diskusfischen gemeinsam gehältert werden. Unkompliziert ist diese Variante nicht, aber andererseits doch sehr reizvoll für den Diskusliebhaber.

und gegen Eindringlinge verteidigen – was bedeutet –, daß der Schwimmraum der Diskusfische eingeschränkt wird. Die meisten Cichliden werden in solchen Aquarien auch Paare bilden und dann Ablaichvorbereitungen treffen. In dieser Zeit können sie schon zu einiger Aggressivität neigen, was Unruhe in das Aquarium bringen kann. Außerdem sind solche größeren Cichliden auch echte Nahrungskonkurrenten für die Diskusfische und da diese meist sehr friedliche Schwim-

mer sind, ziehen sie bei der Futtersuche immer wieder den Kürzeren und werden dann nicht entsprechend gut mit Futter versorgt. Dies trifft besonders auf die Gruppe der Skalare zu, die ab und zu mit Diskusfischen zusammen gehältert werden. Skalare können selbstverständlich mit Diskusfischen zusammen gehalten werden, aber der Pfleger muß dieses Aquarium gut beobachten und im Griff haben, damit seine Diskusfische nicht deutlich ins Hintertreffen geraten. Skalare sind sehr lebhafte, schnellfressende und teilweise aggressive Zierfische, die sich gegenüber den Diskusfischen meist durchsetzen werden. Übrigens sollten auch Skalare in Gruppen von mehreren Exemplaren gehalten werden, denn dann ist die Kombination mit einer Gruppe Diskusfische optisch sehr interessant. Die etwas schwieriger zu haltenden Altum-Skalare sind für viele Aquarianer der Traumpartner zu ihren Diskusfischen, jedoch darf nicht übersehen werden, daß es sich hier auch meist um Wildfänge handelt, die Krankheiten mit in das Aquarium einschleppen können. Über-

haupt darf der Punkt der Krankheitseinschleppung bei der Vergesellschaftung von Zierfischen nicht übersehen werden. Wenn Sie dazu neigen, immer wieder neue Zierfische für Ihr Diskusaquarium hinzuzukaufen, dann besteht jedesmal die Gefahr, daß Sie sich eine Krankheit in das Aquarium einschleppen können. Die wenigsten Aquarianer wissen um diese Gefahren und kalkulieren eine mehrwöchige Quarantänebehandlung für die neuerworbenen Fische ein. Wer macht sich denn schon wirklich die Mühe, zwanzig neu erworbene Rote Neon für vier Wochen in ein Beobachtungs-

Diskuswildfänge und Nachzuchtdiskus sind problemlos zusammen zu pflegen und selbstverständlich können diese auch miteinander ablaichen.

aquarium zu setzen und erst dann in das Diskusaquarium zu überführen. Meist sieht es doch so aus, daß die neuen Fische gekauft und möglichst schnell und unkompliziert in das bereits funktionierende Diskusaquarium eingesetzt werden. Man will einfach sofort sehen, wie toll es aussieht, wenn die Neuankömmlinge im Aquarium schwimmen. Seien Sie hier bitte vorsichtig, gerade was den Zukauf von Cichlidenarten angeht, denn hier müssen Sie in den meisten Fällen fast sicher sein, daß Sie eine neue Krankheit in Ihr Diskusaquarium einschleppen.

Auch beim Thema der Vergesellschaftung von Zierfischen mit Diskusfischen gilt wieder die alte Regel, daß in der Beschränkung der wahre Meister zu finden ist. Vermeiden Sie es möglichst viele Zierfische mit Ihren Diskusfischen zu vergesellschaften, und beschränken Sie sich auf zwei oder drei Gruppen an Beifischen, die nur die

Aufgabe besitzen, Ihr Aquarium optisch abzurunden und etwas lebhafter zu machen. Bei der Auswahl der Fische sollten Sie auch berücksichtigen, in welchem Teil des Aquariums sich diese bevorzugt aufhalten werden. So gibt es reine Oberflächenfische, wie die Beilbäuche, die sehr interessant aussehen und sich meist in dem oberen Drittel des Aquariums aufhalten, während die Diskusfische eigentlich das gesamte Aquarium belegen, können Sie durch den Zukauf von einigen *Corydoras* dafür sorgen, daß etwas Leben im Bereich des Bodengrunds stattfindet. Ein Schwarm Roter Neon wird sich hauptsächlich in den mittleren Wasserschichten des Aquariums aufhalten. Eine solche Auswahl gewährleistet dann, daß überall im Aquarium eine Gruppe von Fischen unentwegt ihre Kreise zieht und den Beobachter des Aquariums in seinen Bann nimmt.

Wer sich mit Diskuswildfängen beschäftigt, hat normalerweise schon eine gewisse Erfahrung gesammelt mit der Pflege von Diskusfischen und anderen Aquarienbewohnern. Sie gehören also nicht mehr zu den absoluten Neulingen in diesem schönen Hobby, sondern wissen schon um solche Begriffe wie pH-Wert oder Wasserhärte bestens Bescheid.

Es kann sicherlich behauptet werden, daß Diskuswildfänge etwas höhere Anforderungen an ihren Pfleger stellen, als dies bei normalen Nachzuchtdiskus der Fall ist. Weshalb dies so ist, ist einfach zu erklären, denn Diskuswildfänge sind ja Fische, die noch vor kurzem in ihrem Heimatgewässer schwammen und dort ganz andere Lebensbedingungen vorgefunden hatten, als dies bei Nachzuchtdiskus schon das ganze Leben über der Fall war. Nachzuchtdiskus wachsen im Aquarium auf, sind mit diesen Wasserverhältnissen bestens vertraut, haben sich an Ersatzfutter gewöhnt und der Kontakt zum Menschen ist auch vom ersten Lebenstag an zur Routine geworden. Ganz anders sieht es doch bei Diskuswildfängen aus. Diese wurden in Amazonien gefischt, in Kunststoffwannen nach Manaus transportiert, dort eine längere Zeit in Hälterungsbecken mit vielen Artgenossen gepflegt, um dann endlich am Tage X in einen Beutel verpackt und nach Deutschland verschickt zu werden. In

Deutschland angekommen, mußten sie dann noch eine erhebliche Zeit in Becken bei einem Großhändler und möglicherweise noch bei verschiedenen Zwischenhändlern verbringen, bis sie endlich bei ihren neuen Besitzer landeten. Diese Fische haben sicherlich einiges mitgemacht und jetzt muß erst einmal Ruhe in ihrem Diskusleben einkehren, denn Normalität ist nun gefragt. Doch wie sieht die Normalität jetzt aus? Sie schwimmen in ihrem neuen Aquarium, wenn sie eine entsprechende Quarantänezeit durchge-

Manche Exportstationen hältern ihre Fische in Kunststoffschwimmbecken – was praktisch ist, aber ungewohnt aussieht.

macht hatten und versuchen sich dort einzuleben. Dieses Aquarium ist wesentlich kleiner als ihr vorheriger Lebensraum. Wobei man allerdings auch wissen muß, daß die Zierfische in Amazonien meist sehr standorttreu sind, was bedeutet, daß die Diskusfische nicht den ganzen Tag flußaufwärts und -abwärts schwimmen, um

Neuland zu entdecken, nein sie bleiben in ihrem angestammten Gebiet und beschränken sich dort auf eine relativ kleine Schwimmfläche. Von daher ist es also nicht weiter schlimm, wenn sie jetzt in einem Aquarium mit Ausmaßen von etwa ein bis zwei Metern Länge schwimmen müssen. Ist dieses Aquarium nicht überbesetzt, dann entspricht es voll den Ansprüchen dieser Fische. Wichtig für die Diskusfische ist, daß während der nächsten Monaten optimale Pflegebedingungen im Aquarium vorherrschen. Optimale Pflegebedingungen bedeuten in erster Linie sehr gute Wasserverhältnisse und hier ist der Pfleger gefordert, regelmäßige Teilwasserwechsel mit aufbereitetem Wasser durchzuführen. Diese Teilwasserwechsel dürfen ruhig großzügig durchgeführt werden, was wiederum bedeutet, daß das Wechseln von 10 % Wasser in der Woche einfach zu wenig ist. Ein Viertel des Aquarieninhalts sollte es schon sein, der wöchentlich ausgetauscht wird. Daß die richtige Wassertemperatur ebenfalls für das Wohl-

Die Heimat der Wildfänge im Aquarium nachzuvollziehen ist unmöglich, denn die Natur im Amazonien ist außergewöhnlich. Die Aufgabe des gewissenhaften Pflegers ist es aber, sein möglichstes zu tun, um seinen Fischen optimale Bedingungen zu bieten.

fühlen der Diskusfische wichtig ist, scheint klar zu sein. Nun können wir uns also der richtigen Fütterung zuwenden und kommen zu einem weiteren wichtigen Pflegekapitel. In der Natur werden Diskusfische nicht gerade verwöhnt, was die Futterpalette angeht. Überhaupt ist es in der Natur viel mühsamer, für die Fische ausreichend Nahrung zu finden, denn hier

53

muß das Futter ja regelrecht gejagt und gesucht werden und dies dauert Zeit und ist eine Hauptbeschäftigung im Diskusleben. Im Aquarium haben es die Fische wesentlich komfortabler, denn da tritt der Pfleger mehrmals täglich an das Aquarium heran und bietet die köstlichsten Futterleckerbissen zum Verzehr an. Wen wundert es also dann, daß unsere Zierfische meist zu fett sind und noch dazu im Aquarium wesentlich größer werden, als dies in der Natur der Fall ist. Auch die Lebenserwartung wird im Aquarium in der Regel bei guter Pflege deutlich erhöht. Diskusfische können ja im Aquarium ohne weiteres zehn Jahre alt werden und solch ein Alter erreichen sie in der Natur sicherlich nur selten.

Diskuswildfänge werden sich nicht sofort begeistert auf Trockenfutter stürzen, denn diese Futtersorte kennen sie aus der Natur ja nicht. Viel sympatischer sind den Fischen Futtermittel wie lebende Mückenlarven oder ersatzweise solche gefrosteten Futtertiere. Allerdings können sie auch hier bei der Auswahl sehr wählerisch sein. Sehr gerne gefressen werden von Anfang an Rote Mückenlarven, da die rote Farbe dieses interessanten Futters sicherlich einen Reiz auf die Fische ausübt. Auch lebende Enchyträen – diese kleinen weißen Würmer – sind heiß begehrt, denn sie leben ja bei der Verfütterung noch und stellen somit ein interessantes Futter dar. Doch Dis-

kusfische sind sehr lernfähig und mit etwas Bemühung können Sie als Pfleger ihren Fischen jede Art von Futter schmackhaft machen. Es ist mir immer gelungen, Diskuswildfänge an Flockenfutter oder Diskusgranulat zu gewöhnen. Wenn man sich angewöhnt, täglich als erstes Futter beispielsweise Flockenfutter anzubieten, dann wird es nur einige Tage dauern, bis die Diskusfische beginnen, dieses Futter zumindest zu probieren. Ist dies

Tip: Überfütterte Fische sind für die Zucht schnell unbrauchbar und deshalb darf nur geeignetes Futter zum Einsatz kommen.

gelungen, so steht einer Akzeptanz dieses Futters kaum noch etwas im Wege. Gerade dann, wenn Beifische im Aquarium schwimmen, die sich gierig auf alle Futtersorten stürzen, werden die Diskusfische animiert, dieses Futter doch auch einmal zu probieren und dann ist es absolut einfach, ihnen alle Futterarten als schmackhaft zu verkaufen. Überhaupt ist es gut, wenn die Fische sehr vielseitige Futterarten angeboten bekommen, denn es ist ein absoluter Fehler, wenn Sie sich beispielsweise ausschließlich auf eine Futtersorte konzentrieren würden, denn dann müssen Sie davon ausgehen, daß es später fast unmöglich wird, den Fischen ein anderes Futter erfolgreich anzubieten, und durch die einseitige Fütterung könnte es möglicherweise zu Mangelerscheinungen kommen. Die Nahrung der Diskusfische hat im Körper vielfältige Aufgaben. Das Futter dient nicht nur allein dem Wachstum und dem Aufbau der Körpermasse, sondern es hat auch die Aufgabe, beispielsweise die Produktion von Geschlechtsprodukten zu beeinflussen und so ist nachgewiesen, daß Vitamine oder hormonelle Inhaltstoffe des Futters eine wesentliche Beeinflussung des Fortpflanzungsrhythmus ausmachen. Die Bildung von Eiern bei Diskusweibchen wird auch von der Art des Futters beeinflußt. Nicht umsonst kann man immer wieder lesen, daß vor dem Ansetzen zur Zucht die Zierfische immer besonders gut mit Lebendfutter gefüttert werden sollen, damit sich möglichst viele Geschlechtsprodukte bilden können. Diskusfutter kann zusätzlich vitaminisiert werden, obwohl Markenfutter in der Regel ausreichend mit Vitaminzusätzen versorgt ist. Doch andererseits erscheint es logisch, daß gefrostetes Futter, wie beispielsweise

gefrostete Mückenlarven, einen Großteil der Inhaltsstoffe bereits wieder verloren hat, bis es zur Verfütterung kommt. Um Diskusfischen eine zusätzliche Vitaminversorgung anzubieten, ist es am günstigsten, wenn Sie eine Multivitaminlösung erwerben und diese tropfenweise unter das angebotene Futter mischen. Sicherlich geht ein Großteil der Vitamine im Wasser während der Verfütterung wieder ver-

Die intensive Rotfärbung konnte erst nach zahlreichen Zuchtversuchen bei einigen Linien gefestigt werden. Foto: Aqualife Taiwan

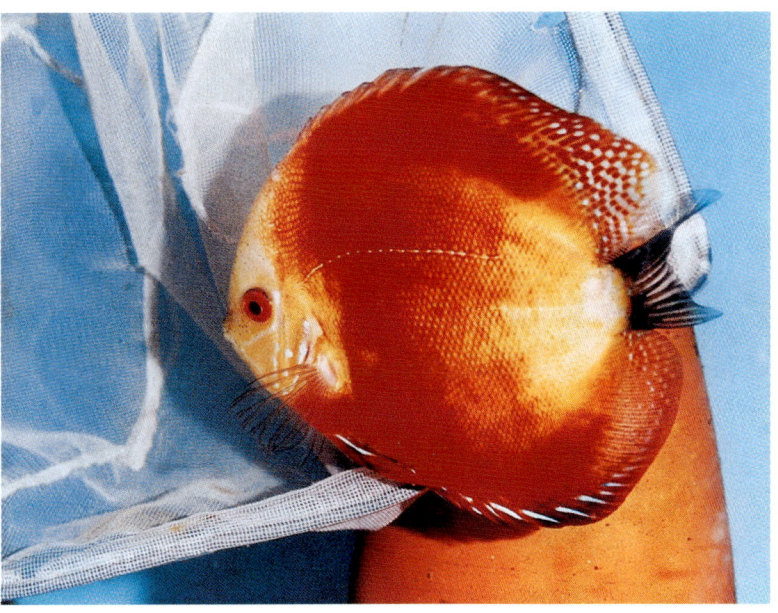

loren, doch kommt über das Futter immer noch genug Wirkstoff in den Fischkörper hinein. Allerdings sind die Untersuchungen über den Vitaminbedarf von Diskusfischen noch nicht weit gediehen und es ist nur wenig bekannt, was man eigentlich tatsächlich an Vitaminen beifüttern sollte. Unbestritten ist es, daß es besonders günstig ist, Vitamin C und Vitamine der B-Gruppe anzubieten. Für das Wachstum empfiehlt es sich auch, zusätzlich Vitamin D einzusetzen. Aus diesem Grunde ist es sicherlich am günstigsten, eine Multivitaminlösung zu verwenden.

Etwas anders sieht es mit der Zufütterung von natürlichen Farbstoffen aus.

so gelang es problemlos, die Fische innerhalb kürzester Zeit farblich stark zu beeinflussen, ja sogar total zu verändern. Mit diesen Testosterongaben wurde aber nicht nur die Körperfärbung, sondern auch der gesamte Biorhythmus des Fischs verändert. Die Auswirkungen solcher Hormoneinsätze hatte meist katastrophale Folgen für den Fisch in seinem späteren Leben. Der Hobbyaquarianer war zwar anfangs von diesen tollen Fischen begeistert, jedoch ließ die Begeisterung schnell nach, wenn die Fische im normalen Aquarienleben wieder ihre Färbung verloren. Der Einsatz solcher Hormone ist strikt abzulehnen und zum Glück ist es in den heutigen Tagen üblich geworden, auf den gezielten Hormoneinsatz wegen einer Farbintensivierung zu verzichten.

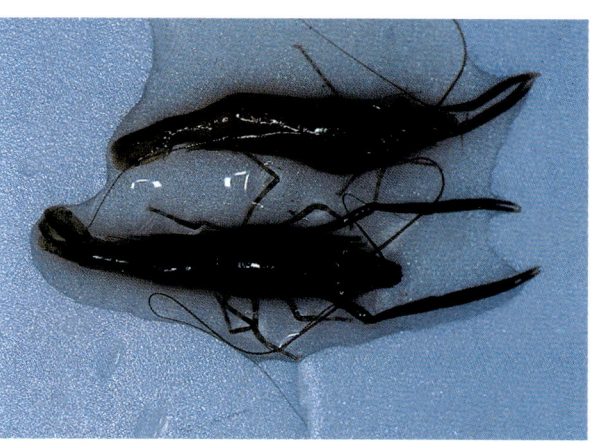

Diese Garnelen kommen in Amazonien vor und besitzen einen hohen Carotinoidanteil, der für eine intensive Färbung der Fische sorgt.

Schon immer versuchten einige Diskuszüchter – und dabei im Besonderen die Züchter in Südostasien – ihren Diskusfischen eine stärkere Färbung zu geben. Leider verfiel man dann in die Praxis, Hormone wie beispielsweise Testosteron zu verwenden und

Um die Farbe der Diskusfische auf natürliche Art und Weise zu beeinflussen, hat man sich in Südostasien der Verfütterung von sogenannten „Lobster-Eiern" bedient. Diese Lobster-Eier stammten von den Weibchen von *Macrobrachium rosenbergi*. Diese Eier besitzen eine leuchtend orangerote Farbe und wenn man sie für etwa vier Wochen täglich an

Diskusfische verfüttert, so bekommen diese eine schöne orangerote Färbung. Doch auch diese natürliche Methode der Farbintensivierung bei Diskusfischen spielt heute in der Diskuszucht kaum noch eine Rolle, denn inzwischen gibt es zahlreiche Diskuszuchtstämme, die so intensiv gefärbt sind, daß dies alles nicht mehr nötig erscheint. Anders sieht es jedoch beim Diskuswildfang aus, denn dieser besitzt ja ausschließlich natürliche Farbanlagen und diese wurden vom Menschen noch nicht manipuliert. Gelangen also Diskuswildfänge in unsere Heimaquarien, so hängt es stark von der Fütterung ab, welche Farbintensität diese Fische bekommen. Dies bedeutet in der Praxis: Wenn Sie es sich so einfach machen, und diesen Fischen täglich nur ein Futtereinerlei bieten, dann wird sich die Farbe kaum ins Positive entwickeln können. Sie sind als Pfleger gefordert, diesen Fischen eine optimale Nahrungspalette anzubieten und diese Nahrung muß auch beispielsweise carotinoidhaltige Nährstoffe enthalten. Carotinoidhaltig sind an erster Stelle alle Krebstiere und bei Fangexpeditionen in Brasilien konnte immer wieder festgestellt werden, daß beispielsweise zahlreiche Süßwassergarnelen in den Heimatgewässern der Diskusfische vorkommen und dort sicher in ihrer Jugendform als Nahrung für die Diskusfische dienen. So sind beispielsweise die heute angebotenen Garnelenarten wie Shrimps oder Krill ein gutes Futter für Diskusfische, wobei jedoch darauf geachtet werden muß, daß diese beiden krebsartigen, aus salzigen Meeresgewässern stammen und somit dem Diskusfisch unter Umständen zuviel salzhaltige Nahrung angeboten wird. Die von der Industrie angebotenen Trockenfutterstoffe werden heute ebenfalls meist zusätzlich mit naturidentischen Carotinoiden angereichert, um eine Intensivierung der roten Farbe bei den Fischen zu erzielen. Somit besitzen Sie als Pfleger von Diskusfischen eine einfache Möglichkeit, Ihren Fischen diese Carotinoide über Fertigfutter anzubieten.

Viele Diskuszüchter kaufen auch Rinderherzmischungen oder stellen diese selbst her. Sie können mit diesem Futterbrei nie optimale Farben erzielen, selbst dann nicht, wenn beispielswei-

> **Tip:** **Beständige Rotfärbung kann nur über natürliche Carotinoide im Futter erfolgen. Hormone erzeugen nur eine zeitweise Farbintensivierung, die nach dem Absetzen wieder abklingt.**

se Algenpulver oder Spinat unter dieses Futter gemischt wird. Naturidentische Carotinoide sind sehr teuer und schwer zu beschaffen und eigentlich

Braune und Blaue Diskus-wildfänge bilden einen herrlichen Kontrast in einem Aquarium mit dem typischen hellen Bodengrund, wie er auch in Amazonien zu finden ist.

nur der Futtermittelindustrie in gro-ßen Mengen zugänglich. Allerdings gibt es auch Frostfuttersorten auf Trut-hahnherzbasis wie beispielsweise „Dis-cus-Color", welches Astaxanthin als natürlichen Farbstoff enthält. Diese Carotinoide haben die Aufgabe, die im Körper des Fischs vorhandene Farbe zu intensivieren. Dies geschieht in einem längeren Zeitraum und erst nach etwa vier bis sechs Wochen zeigt sich eine intensivere Körperfarbe. Gerade das langsame Auftreten einer schöneren Körperfärbung ist Beweis dafür, daß diese Wirkstoffe natürliche Aufgaben haben und nicht wie bei-spielsweise Testosteronhormone in-nerhalb von wenigen Stunden massiv in den Körper des Fischs eingreifen. Nur solche langsamen Anreicherun-gen mit naturidentischen Carotinoi-den gewähren eine länger anhaltende natürliche Färbung der Diskusfische. Tun Sie Ihren Diskusfischen also etwas Gutes und variieren Sie die täglichen Futterrationen ständig, so daß Ihren Diskusfischen nie nur ein Hauptfutter angeboten wird. Diese breite Futter-palette sorgt dafür, daß bei Ihren Dis-kusfische keine Mangelkrankheiten auftreten, und Sie auch – was die Fort-pflanzung angeht – immer optimale Bedingungen vorfinden. Sie glauben gar nicht, wie stark naturidentische oder natürliche Carotinoide in den Fortpflanzungsrhythmus der Diskus-fische eingreifen können. Es ist also durchaus möglich, daß Ihre Diskusfi-sche nicht ablaichen, weil sie ganz schlicht und einfach das falsche Fut-ter bekommen.

Eines Tages wird Ihr oberstes Streben die Nachzucht Ihrer Wildfänge sein und um tatsächlich Nachzuchten zu erhalten, müssen Sie Ihren Fischen optimale Hälterungsbedinungen anbieten. Die Geschlechtsbestimmung bei Diskuswildfängen ist sehr schwierig und äußere Körpermerkmale sind bei der Bestimmung der Geschlechter kaum zuverlässig. Wenn Sie mehrere Diskusfische in einem Aquarium zusammen pflegen, dann kann es schon vorkommen, daß sich ein Pärchen auf natürliche Weise findet und zusammenstellt. Dies ist dann ein Glücksfall, denn eine solche Paarbildung, die auf natürlichem Wege geschieht, ist in der Regel eine dauerhafte Angelegenheit und diese beiden Fische werden möglicherweise auch perfekt zusammen ablaichen. Jedoch ist es gerade bei Diskuswildfängen sehr schwierig, die Fische innerhalb kürzester Zeit zur Nachzucht zu bewegen. Es kann Jahre dauern, bis es endlich so weit ist.

Die meisten Diskuspfleger, die unbedingt Wildfangblut in ihre Zuchtlinien einkreuzen wollen, bedienen sich folgender Methode:

Sie setzen ein sehr laichwilliges Nachzuchtweibchen mit einem von der Größe her wahrscheinlichen Diskuswildfangmännchen zusammen in ein Zuchtaquarium. Handelt es sich tatsächlich um ein Wildfangmännchen, so wird dieses vom laichwilligen Nach-

zuchtweibchen ständig zur Laichvorbereitung animiert. Meist ist es dann so, daß sich das Wildfangmännchen doch schnell für dieses laichbereite Weibchen interessiert und wenn das Männchen körperlich in guter Verfassung ist, dann wird es auch über kurz oder lang bereit sein, mit diesem Weibchen abzulaichen. Umgekehrt funktioniert es übrigens wesentlich schlechter, denn Wildfangweibchen sind erstens kaum geschlechtlich zu bestimmen und zum anderen viel schwieriger zum Ablaichen zu bewegen, als dies bei Nachzuchtweibchen der Fall ist. Findet sich ein Pärchen in einem Aqua-

Eine interessante Naturform wurde 1996 importiert und diese Fische gewannen auch gleich bei der Diskusshow in Duisburg den ersten Preis. Foto: Aqualife Taiwan

Sind die Fische zuchtbereit, so verfärben sich die hinteren Senkrechtstreifen dunkel und treten deutlich hervor. Foto: Aqualife Taiwan

Das Weibchen beginnt nach dem Putzen und Probelaichen mit dem Ablegen der Eischnüre. Das Männchen steht zur Befruchtung bereit.

und in ein anderes Aquarium zu setzen, damit das Pärchen in der gewohnten Umgebung ungestört ablaichen kann. Andererseits ist es für den Pflegetrieb sehr wichtig, daß Freßfeinde für die Jungfische im Aqua-

rium mit mehreren Fischen von selbst, dann erhebt sich immer wieder die Frage, was ist jetzt zu tun, wenn die Fische bereits mit Laichvorbereitungen begonnen haben? Ist das Aquarium groß genug, um die Fische dort ablaichen zu lassen, ohne daß sie die Mitbewohner zu stark bedrängen? Dann wäre es wirklich günstiger, das Pärchen in der gewohnten Umgebung zu belassen, damit die Laichvorbereitung nicht unterbrochen wird. Selbstverständlich wird ein ablaichendes Diskuspaar seine Mitbewohner aus seinem Territorium verjagen und so kann es passieren, daß sich die anderen Fische in einer Ecke des Aquariums zusammendrängen müssen. Vielleicht ist es jetzt die bessere Lösung, die anderen Diskusfische herauszufangen

rium vorhanden sind. Alle anderen Fische stellen ja eine gewisse Nahrungskonkurrenz dar und sind somit auch eine Gefahr für die Jungbrut des Pärchens. Es kann also sehr nützlich sein, wenn in einem solchen Aquarium doch noch zwei andere Diskusfische oder sonstige Aquarienbewohner vorhanden sind. So wird das Pärchen nämlich immer wieder gefordert, sich um die Jungen zu kümmern, damit diese nicht gefressen werden. In einem Aquarium mit mehreren Fischen, in dem sich ein Pärchen gefunden hat, befindet sich sicherlich auch irgendein Einrichtungsgegenstand, der geeignet erscheint, die Eier daran abzulegen. Dies können beispielsweise Wurzelstücke, aber auch schrägstehende Steine sein. In Ermangelung solcher Einrichtungsgegenstände würden die Diskusfische auch direkt an der Aquarienscheibe oder vielleicht am Stabheizer ablai-

> **Tip:** Am besten hat sich die Tongrabvase als Eiablageort bewährt. Sie können es auch mit einem schlanken Blumentopf oder einer schräggestellten Schieferplatte versuchen.

chen. Sie können bei Laichvorbereitungen des Diskuspaars selbstverständlich auch eine Tonlaichvase in das Aquarium stellen und möglicherweise nimmt das Pärchen diese Vase gerne als Laichunterlage an. Befinden sich im Aquarium noch andere Diskusfische, dann empfiehlt es sich, diese Laichvase in eine Ecke des Aquariums zu stellen, damit sich der Laichplatz nicht mitten im Aquarium befindet. So wird das Aquarium etwas besser aufgeteilt und die anderen Fische haben noch mehr Bewegungsspielraum.

Unermüdlich laicht das Weibchen ab, und gute Diskuspaare bringen es auf 200 bis 300 Eier pro Gelege.

Treffen die Diskusfische Laichvorbereitungen, so wäre es sehr wichtig, daß Sie jetzt die Wasserwerte messen und aufschreiben. So haben Sie später die Möglichkeit, nachzuvollziehen, was möglicherweise die idealen Wasserwerte waren, um die Diskusfische zur Zucht zu bewegen. Im Fachhandel bekommen Sie zahlreiche Tropfreagenzien, mit denen Sie verschiedene Wasserparameter bestimmen können. Allerdings sind diese Tropfmessungen nicht superexakt, für die Aquaristik aber durchaus ausreichend. Der elektrische Leitwert des Wassers und der pH-Wert werden praktischerweise

Sofort nach dem Ablaichen bewachen die Elterntiere unentwegt das Gelege. Foto: Aqualife Taiwan

kuszucht sollte der Trend zur pH-Wert-veränderung immer nach unten gehen. Allgemein sind pH-Werte im Bereich zwischen 6,0 und 5,0 wahrscheinlich als ideal für die Diskus-zucht anzusehen.

Nicht nur Diskus-nachzuchten – nein auch im Besonderen Diskuswildfänge reagieren sehr stark auf Veränderungen im

Das Ablaichen zieht sich über einen Zeitraum von etwa einer Stunde hin.

meist mit Geräten festgestellt, die wesentlich genauer arbeiten, als Tropfreagenzien dies bieten könnten. Besonders der pH-Wert und der Leitwert spielen im täglichen Leben der Diskuswildfänge eine bedeutende Rolle. Wenn man sich vor Augen hält, daß in den Flußsystemen Amazoniens der elektrische Leitwert sehr gering ist und dennoch eine riesige Menge an Biomasse im Wasser vorhanden ist, so kann man leicht nachvollziehen, daß es fast unmöglich ist, im Aquarium ähnliche Bedingungen zu bieten. Auch der pH-Wert beeinflußt die Laichfreu-digkeit der Diskusfische erheblich und manchmal kann eine langsame Veränderung des pH-Werts im Aquarium wahre Wunder wirken. Bei der Dis-

Aquarienwasser. So können Sie die Fische mit leichten Temperaturveränderungen, pH-Wertschwankungen, aber auch Wasserzusätzen möglicherweise zu einer Eiablage bewegen. Sie müssen hier einfach einmal ausprobieren, welche Möglichkeiten Sie haben. In der Natur kommt dieses Phänomen immer dann vor, wenn neues Wasser während der Regenzeit dazukommt. Die Flüsse Amazoniens schwellen dann regelrecht an und die Wasserstände verändern sich drastisch. Dies hat dann zur Folge, daß sich auch die Wasserwerte dramatisch verändern können. Diese natürlichen Auslöser sorgen dann dafür, daß die meisten Wildfische jetzt zur Zucht schreiten. Auch eine aufkommende Tiefdruck-Wetterlage begünstigt meist das Ablaichen, doch können wir solche natürlichen Wetterbedinungen im Aquarium nicht nachvollziehen und daß sich die Wetterlage auf ein kleines Aquarium auswirkt, das erscheint

zu dem doch eher unwahrscheinlich. Doch allen Schwierigkeiten zum Trotz gehören Sie jetzt zu den glücklichen Aquarianern, denen es plötzlich gelungen ist, ein Wildfangpärchen zur Eiablage zu bewegen. Seien Sie stolz darauf, denn dies ist sicherlich eine schwierige aquaristische Aufgabe gewesen, und nun brauchen Sie nur noch etwas Glück, damit sich die Eier auch entsprechend entwickeln und Sie eines Tages einen eigenen Jungfischschwarm im Aquarium schwimmen sehen.

Die Laichvorbereitungen der Diskuswildfänge unterscheiden sich nicht von denen der Nachzuchttiere und sie beginnen meist damit, daß sich die Fische farblich etwas verändern. Besonders in der hinteren Körperhälfte werden dunklere Farben sichtbar und die letzten vier bis fünf Senkrechtstreifen treten deutlich dunkel hervor. Auch im Schwanzflossenbereich färben sich die Fische wesentlich dunkler und diese Tatsache läßt die Vermutung ableiten, daß ein Ablaichen bevorsteht. Auch beginnt das Pärchen immer wieder erneut aufeinander zuzuschwimmen und die Fische verneigen sich voreinander. Ab und zu geht ein kräftiges Rütteln durch die Fischkörper und besonders in der Kopfpartie ist dies Rütteln deutlich zu sehen. Alles sieht sehr harmonisch aus und das Pärchen verträgt sich bestens. Irgendwann beginnen die Diskus dann, das ausgesuchte Laichsubstrat zu putzen und auch dies ist ein weiteres sicheres Zeichen, daß die Fische laichwillig sind. Allerdings wurde schon öfters festgestellt, daß dieses Putzen mehrere Tage andauern kann, ohne daß die Fische tatsächlich ablaichen. Auch kann es vorkommen, daß das Weibchen ein sogenanntes Probelaichen vornimmt, ohne tatsächlich Eier abzulegen. Das Weibchen nimmt an der ausgewählten Laichunterlage Maß und beginnt von unten nach oben an dieser Laichunterlage entlang zu schwimmen. Im Laufe dieser Laichvorbereitungen tritt beim Weibchen die Legeröhre deutlich sichtbar hervor. Zwischen den Bauchflossen ist die Genitalpapille des Weibchens etwa 3 mm groß ausgebildet. Diese Laichpapille ist nur während des eigentlichen Ablaichvorgangs zu sehen. Das Männchen besitzt eine wesentlich kleinere Laichpapille, die außerdem spitz zuläuft.

Wie bereits erwähnt, können sich diese Laichvorbereitungen auch über einen längeren Zeitraum von mehreren Tagen hinziehen. In der Regel bevorzugen Diskusfische ein Ablaichen während der Abendstunden. Dies hat damit zu tun, daß bei normaler Eientwicklung und entsprechender Temperatur die Jungfische in den Morgenstunden mit dem Freischwimmen beginnen werden und die Eltern dann den ganzen Tag Zeit haben, sich um die Larven zu kümmern. Beginnt das Weibchen erst einmal, tatsächlich Eier abzulegen, so schwimmt es die Laichunterlage von unten her an und legt Eikette neben Eikette. Das Männchen muß diese Eier sofort befruchten und das Weibchen macht ihm dafür Platz. Die beiden Fische wechseln sich bei der Eiablage und der Befruchtung schön miteinander ab und der ganze Vorgang sieht sehr friedlich aus. Durchschnittsgelege von Diskusfischen zählen 200 bis 300 Eier, und wenn die Wasserwerte stimmen, dann wird sich auch ein Großteil dieser Eier gut entwickeln.

> **Tip:** Um Störungen beim Ablaichen zu vermeiden können Sie das Aquarium von außen mit Papier verkleiden. Ein kleines Guckloch reicht völlig aus, um das Diskuspaar und das Gelege zu kontrollieren.

Während des Laichvorgangs können Sie die Geschlechter der Fische mit Sicherheit bestimmen und vielleicht machen Sie doch auch ein Foto von Ihren Fischen, denn dann haben Sie später für sich den Beweis und wissen auch genau, welches das Männchen und welches das Weibchen war. Dies trifft besonders dann zu, wenn Sie sehr viele Fische besitzen und vielleicht

malerweise kümmern sich die Eltern sehr intensiv um die Eier und die späteren Larven, und Jungfische.
Ist die Eiablage erst erfolgt, so verlieren die Diskus selbstverständlich nicht das Interesse an ihrem Gelege, sondern sie stehen unermüdlich vor den Eiern und befächeln diese mit den Brustflossen. Dieses Befächeln hat die Aufgabe, eine ständige Wasserbewegung und Sauerstoffversorgung an den Eiern zu erzeugen. Gute Partner wechseln sich bei dieser Arbeit ständig ab und normalerweise kommt es bei Wildfängen nur selten zu Raufereien. Nur wenn es wirklich unumgänglich erscheint, ein Elterntier herauszufangen, so ist dies vielleicht die bessere Lösung, bevor das gesamte Gelege zerstört wird. Leider fressen Diskusfische immer wieder ihr Gelege auf und bis heute ist es

Dieses herrliche Royal-Blue-Männchen bewacht aufmerksam sein Gelege. In den dunkel gefärbten Eiern ist die Embryonalentwicklung gut zu sehen.

etwas durcheinander geraten. Je besser sich das Diskuspaar verträgt, um so bessere Überlebenschancen haben die späteren Jungfische. Bei Wildfangdiskus ist die Pflegemotivation sehr stark ausgeprägt und dies macht sich auch immer wieder bemerkbar, denn nor-

nicht geklärt, weshalb dies so ist. Handelt es sich hier möglicherweise um eine Schutzfunktion, weil die Eier im Aquarienmillieu nicht überlebensfähig wären, oder sind die Fische noch zu jung und unerfahren? Doch dies sind alles nur Vermutungen und Beweise

Ein gutes Zuchtpaar wechselt sich beim Führen und Ernähren der Jung-fische stän-dig ab.
Foto: Aqualife Taiwan

stehen hierfür noch aus. In der Regel sind allerdings Wildfangdiskus die besseren Pflegeeltern als Nachzuchtdiskus, aber Voraussetzung dafür ist es, daß es Ihnen gelingt, ein wirklich gutes Paar zusammenzustellen und diesem dann auch optimale Bedingungen im Aquarium zu bieten.

Es ist eine aufregende Sache, Diskuswildfängen bei der ersten Eiablage zuzusehen und wahrscheinlich werden Sie des Öfteren vor dem Aquarium stehen und versuchen, die Eientwicklung zu beobachten. Dies ist jedoch nicht immer einfach, denn die Fische laichen meist auf der Rückseite des Kegels ab, so daß der aufgeregte Pfleger die Eier nicht sieht. Sie können allerdings die Laichvase leicht drehen, so daß Sie vielleicht doch einen Einblick auf die Eier bekommen. Jedoch sollten Sie die Diskus nicht zu arg stören, denn dies könnte wieder zur Folge haben, daß diese doch noch die Eier fressen. Die Eier benötigen bei einer Temperatur von 30 °C zwischen 55 und 60 Stunden Entwicklungszeit. Bereits etwa 24 Stunden nach der Eiablage können Sie in den Eiern einen dunklen Kern mit bloßem Auge erkennen. Dieser dunkle Kern deutet auf eine Befruchtung des Eies hin. Nach weiteren 24 Stunden sind bereits die kleinen Augen der Larven im Ei zu sehen. Ist die Entwicklungszeit von rund 60 Stunden abgeschlossen, dann schlüpfen die Larven zuerst mit den Schwanz und hängen zappelnd am Laichsubstrat. Die kleinen Schwänzchen vibrieren sehr stark, jedoch können die Larven nicht vom Untergrund wegschwimmen, denn sie kleben mit Hilfe einer Klebedrüse – die sie am Kopf besitzen – an der Laichunterlage fest. Die Eltern kauen die Larven gerne aus den Eiresten heraus, was eine Schlupfhilfe bedeutet. Dann kommt es auch meist vor, daß die Alttiere die Larven umbetten, das heißt, daß das gesamte Gelege plötzlich nicht mehr am alten Platz ist. Viele Züchter sind hier beim ersten Mal darauf hereingefallen und haben gedacht, daß jetzt die Larven aufgefressen wurden, doch die Eltern hatten die Larven nur an einem anderen Platz untergebracht. Dieses Umbetten der Larven ist völlig normal und zur Unterstützung kann man den Alttieren über Nacht ein Orientierungslicht über dem Aquarium brennen lassen. Dieses Licht darf natürlich nur sehr schwach sein, so daß sich die Fische bei der Kontrolle der Jungtiere etwas leichter tun.

Da die Eiablage und die Betreuung des Geleges und der Larven die Elternfische sehr beschäftigt, sind diese an Futter nicht so interessiert und deshalb sollten Sie jetzt auch die Fütterung deutlich reduzieren. Während der Brutpflege genügt es, wenn die Alttiere einmal täglich ihr Lieblingsfutter bekommen. Während der Fütterung wechseln sich die Tiere ebenfalls ab und normalerweise bleibt ein Tier bei dem Gelege stehen, während das andere zum Fressen schwimmt.

Besonders aufregend wird es, wenn die Jungen beginnen, freizuschwimmen, was nach weiteren 60 Stunden geschieht. Die Larven haben sich jetzt soweit entwickelt, daß der Klebefaden am Kopf verkümmert und sie die Möglichkeit haben, sich vom Untergrund zu lösen. Jetzt geschieht etwas fast einmaliges in der Zierfischzucht, denn nun schwimmen die Jungfische die

Körper der Eltern an. Dies ist wahrscheinlich der kritischste Zeitpunkt bei der gesamten Diskuszucht. Gelingt es den Jungfischen nämlich nicht, die Eltern anzuschwimmen, so können sie das Hautsekret der Eltern nicht fressen und gehen elendiglich ein. Die Elternfische haben ein Hautsekret gebildet, welches zum Großteil auch aus Bakterien besteht, welche die Jungfische unbedingt als Erstnahrung benötigen. Dieses Hautsekret ist das erste und einzige Futter während der ersten Lebenswoche nach dem Freischwimmen. Ohne dieses Hautsekret ist auf natürliche Weise ein Überleben der Jungfische nicht möglich. Wenn die Alttiere dieses Hautsekret bilden, dann verdunkelt sich ihr Körper sehr stark und man kann bei genauer Betrachtung diesen schleimähnlichen Aufwuchs gut erkennen.

Nachdem die Jungfische dieses Hautsekret etwa fünf Tage lang gefressen haben, können jetzt frischgeschlüpfte *Artemia*-Nauplien zugefüttert werden. Diese kleinen Krebschen schlüpfen aus sogenannten Dauereiern die im Zoofachhandel erhältlich sind. Dort bekommen sie auch das passende Zubehör, um eine *Artemia*-Zucht in Betrieb zu nehmen. Dies ist übrigens ganz einfach, so daß Sie Ihr erstes Lebendfutter für Ihre Diskusjungfische selbst zubereiten können. Gierig fressen die kleinen Diskusfische diese Minikrebschen, wenn Sie die Krebschen in die Nähe der Jungfische bringen können. Dazu nimmt man am einfachsten eine größere Spritzenkanüle ohne Nadel und saugt damit die Krebschen einfach an. Mit Hilfe dieser Spritze können die Krebschen in unmittelbare Nähe der Jungfische, die am Körper der Eltern schwimmen, gespritzt werden. Wenn es irgendwie möglich ist, lassen Sie die kleinen Jungfische mindestens zwei bis vier Wochen bei den Eltern, denn sie fressen auch während dieser Zeit noch immer gierig das Hautsekret. Dann beginnt die strenge Elternbindung langsam

nachzulassen und die Kleinen entfernen sich immer weiter von ihren Eltern. Den ganzen Tag sind die Jungfische auf Futtersuche und sie fressen eigentlich alle Futtersorten die auch die Elternfische angeboten bekommen. In diesem Jungfischstadium kann man den kleinen Diskusfischen jedes Futter schmackhaft machen und beibringen, daß sie diese Futtersorten fressen müssen.

Für ein gutes Wachstum der Jungfische ist ein regelmäßiger Teilwasserwechsel äußerst wichtig und dies erscheint beim hohen Stoffwechsel, der durch die zahlreichen Fütterungen ausgelöst wird, auch logisch. Wenn Sie Ihre Jungfische über die kommenden Wochen heranwachsen sehen, dann werden Sie möglicherweise auch feststellen, daß gerade bei stark gezeichneten Elterntieren dennoch die Jungfische nicht die gleichgute Körperzeichnung aufweisen. Es ist äußerst schwierig, markante überdurchschnittliche Färbungen und Zeichnungen bei Wildfangdiskus weiterzuvererben. Die asiatischen Profizüchter beugen solchen Problemen durch das Einkreuzen von Nachzuchttieren vor. Gerade die Stabilisierung von roten Punkten, die bei grünen Tefé-Wildfängen so attraktiv aussehen, können nur unter schwierigsten Auslesebedingungen erhalten und verbessert werden.

Der Mensch neigt immer dazu, die Natur verbessern zu wollen. Daß ihm dies aus menschlicher Sicht sogar oft zu gelingen scheint, daran glauben wir Menschen wohl. Daß dies aber eigentlich gar nicht sein kann, dürfte bei logischem Nachdenken wohl klar sein. So ist dies auch bei Diskuszüchtern, denn auch diese versuchen, die Diskuswildfänge, die uns die Natur anbietet, zu verbessern.

Als nach dem zweiten Weltkrieg welt-weit der Diskus zu einem der interessantesten Aquarienfische geworden war, mußten die Aquarianer auf die teuren und seltenen Wildfänge warten, denn es gab ja noch nicht genügend Nachzuchtfische. Erst im Laufe der erfolgreichen Nachzuchtbemühungen gelang es, immer wieder neue und interessante Farbvarianten zu züchten und so entstanden bekannte Nachzuchtfarbschläge wie: Brillant-Türkis, Flächentürkis oder Rottürkis. Die Dis-

Diese Wildfangnachzucht aus Japan gewann das zweite internationale Diskuschampionat in Duisburg.

kusfreunde aus aller Welt nahmen diese herrlichen Farbvarianten mit offenen Armen auf und freuten sich, daß sie solch schöne Diskusfische in ihren Aquarien pflegen konnten. Nach und nach wurden die Diskuswildfangformen vergessen, beziehungsweise waren nicht mehr so interessant für die Aquarianer. Kaum jemand interessierte sich noch für einfache braune Diskusfische oder die eigentlich gar nicht so toll gefärbten blauen Wildfänge. Heckel-Diskus mit dem ungewöhnlichen breiten Mittelstreifen wollte sowieso schon bald niemand mehr besitzen. Farbe war Trumpf und es konnte gar nicht bunt genug werden und daß dies so blieb, dafür sorgten schließlich auch die Asiaten, denn sie lieferten reichlich Nachschub, sowohl in Menge als auch Farbenpracht. Irgendwann anfang der 90er Jahre kam es dann plötzlich zu einer Mutation bei Diskusfischen und die Pigeon Blood Diskus aus Thailand erschütterten den Diskusweltmarkt. Mit diesen auffällig rot gefärbten Diskusfischen, begann eine neue Zuchtära. Es wurde wild darauf losgezüchtet und alles miteinander verpaart, was nur irgendwie denkbar und möglich war. Die Ergebnisse waren teils sehr verblüffend, teils aber auch unbefriedigend. Doch darauf wurde kaum Rücksicht genommen und munter wurde weitergezüchtet. Daß bei solchen internationalen Zuchtbemühungen selbstverständlich immer wieder interessante Farbvarianten entstehen konnten, erscheint logisch. Wir zeigen Ihnen in diesem Buch auch einige neue Farbvarianten, die durch Einkreuzungen mit Wildfängen entstanden.

Als man einige Jahre wild darauf losgezüchtet hatte, kam man plötzlich an einen Punkt, von dem es nicht mehr weitergehen konnte und man entsann sich plötzlich der Wildfangformen. Da gab es neue interessante Ansatzpunkte, denn man entdeckte, daß man beispielsweise einen braunen Diskus mit einem Pigeon Blood Diskus kreuzen konnte und dann plötzlich flächig rote Diskusfische entstanden. Die nächste Farbvariante der Marlboro Diskus war geboren und beteiligt waren Wildfänge. Diese Ausgangssituation war neu und sofort stürtzte man sich auf die Wildfangformen, um sie mit allerlei Nachzuchtvarianten zu verpaaren. Wieder wurde alles vermischt und wieder entstanden neue Farbvarianten, die teils häßlich, teils aber durchaus schön und interessant waren. Gepaart mit fantasievollen Namen wurden diese Nachzuchten dem verwöhnten Käufer als neueste Kreationen angeboten und alles was neu ist, muß ja auch interessant und gut sein und wird gekauft. Schon schloß sich der Kreis, und die Wildfänge gelangten zu neuem Ansehen. Die Aufkäufer aus allen Ländern stürmten die Exportstationen Amazoniens und kauften nach rein

optischen Gesichtspunkten die Hälterungsbecken leer. Einfacher gefärbte Diskusfische blieben dabei auf der Strecke und fristeten quasi ein „Mauerblümchendasein". Die durchgestreifen Royal Blue Diskus und die rotgepunkteten Tefé-Diskus machten das Rennen. Besonders die roten Punkte hatten es den Asiaten plötzlich angetan und alle Energie wurde darauf verwendet, die roten Punkte zu mehren und zu intensivieren. Daß dies teilweise sogar gelang, beweisen viele der hier gezeigten Aufnahmen. Oft handelt es sich aber auch um geringe Stückzahlen und man darf jetzt nicht den Denkfehler machen, daß jetzt tausende solcher erstklassiger rotgepunkteter Diskusfische erhältlich wären. Besonders die Ausnahmefische werden ja immer bevorzugt fotografiert und abgebildet. Die vielen unzähligen mißlungenen Zuchtversuche will niemand fotografieren und so gelangen sie auch nicht in die meisten Bücher und Magazine. Wohin diese Entwicklung gehen wird ist noch ungewiß, sicher können wir aber auch in Zukunft immer wieder mit neuen Diskusfarbvarianten rechnen und somit bleibt die Pflege und Zucht der Diskusfische immer noch spannend. Etliche Diskusliebhaber haben inzwischen ihre persönliche Konsequenz aus dieser Entwicklung gezogen und interessieren sich jetzt nur noch für die echten Wildfangformen und damit sind sie sicherlich nicht schlecht beraten, denn solche Diskuswildfänge sind aufregende Fische und sie bereichern unser Aquarianerleben jeden Tag.

Da alle Diskus untereinander kreuzbar sind, kommen immer wieder verblüffende Farbvarianten hervor. Hier ist deutlich der Mittelstreifen des Heckel-Diskus zu erkennen. Foto: Aqualife Taiwan

*Die grünen
Tefé-Wildfän-
ge wurden in
den letzten
Jahren
verstärkt mit
Nachzuchtdis-
kus verpaart,
um interes-
sante Farbfor-
men zu fin-
den. Oberstes
Zuchtziel war
hierbei die
roten Punkte
zu erhalten,
ja sogar zu
verstärken.
Daß dies
gelungen ist,
zeigen die
nachfolgen-
den Abbil-
dungen. Die
schöne runde
Körperform
der Wildfän-
ge blieb meist
erhalten,
jedoch nahm
die Größe der
Beflossung
deutlich zu.
Fotos: Aqua-
life Taiwan*

Die neuesten Zuchtergebnisse aus Südostasien sind wirklich verblüffend. Hier wurden rote Pigeon Blood Diskus eingekreuzt. Fotos: Aqualife Taiwan

*Bei der Na-
mensgebung
für solche
Sonderfor-
men mußte
man sich
etwas einfal-
len lassen
und als
Gegenstück
zum Blue Dia-
mond wurde
hier einfach
der Name
Red Diamond
vergeben.
Foto: Aqualife
Taiwan*

Türkisblaue Zuchtvarianten gehören immer noch zum Stan-dardprogramm eines größeren Zuchtbetriebs. Hier wurden Royal Blue Wildfänge eingekreuzt, was an der kräftigen Linierung deutlich zu erkennen ist. Die gleichmäßige Form der Wildfänge konnte bei dieser Zuchtlinie bestens erhalten werden. Foto: Aqualife Taiwan

*Royal Blue F₁
mit typischer
Zeichnung
bester Wild-
fänge.
Foto: Aqualife
Taiwan*

Hier sind die typischen Merkmale der Royal Blue Wildfänge schon so weit verwischt worden, daß es nur noch schwer erkennbar ist, ob dieser Diskus von Wildfängen abstammt. Die unterbrochene Rotfärbung im Mittelteil läßt auch auf Blut von grünen Wildfängen schließen. Foto: Aqualife Taiwan

In diesem Buch verwendete Literatur:

BURGESS, W. E. 1981. Studies on the family Cichlidae: 10. New information on the species of the genus *Symphysodon* with the description of a new subsprecies of *S. discus* HECKEL. T.F.H. 29(7), 32-42.

DEGEN, B. 1993. Faszination Diskuswildfänge. Ruhmannsfelden.

DEGEN, B. 1996. Discus-Atlas. Ruhmannsfelden.

Bei der Festigung der Farbe Rot ist den Züchtern Südostasiens in den letzten Jahren sehr viel gelungen. Diskusfische wie hier gezeigt, waren vor wenigen Jahren noch undenkbar. Hier handelt es sich um ungefärbte – nicht mit Hormonen behandelte, farbstabile Zuchtvarianten – die allerdings zu hohen Preisen angeboten werden.
Foto: Aqualife Taiwan

Durch Zucht-
auslese konn-
ten die Marl-
boro Red Dis-
kus immer
mehr perfek-
tioniert wer-
den. Basis für
diese Diskus
waren ur-
sprünglich die
Pigeon Blood
Diskus.
Foto: Aqualife
Taiwan

HECKEL, J. 1840. Johann Natterer's neue Flussfische Brasilien's nach den Beobachtungen und Mitteilungen des Entdeckers beschrieben (Erste Abtheilung: Die Labroiden). Ann. Wiener Mus. Naturgesch. 2, 326-470.

KOKOSCHA, M. & GREVEN, H. 1996. Gibt es nur eine Art? Isoenzym-Elektrophorese bei Diskusfischen. Diskus DATZ-Sonderheft, 20-21.

KRAUSE, H. J. 1998. Handbauch Aquarienwasser. 4. überarb. Aufl. Ruhmannsfelden.

KULLANDER, S. O. 1986. Cichlid fishes of the Amazon river drainage of Peru. Kopenhagen.

KULLANDER, S. O. 1996. Eine weitere Übersicht der Diskusfische, Gattung *Symphysodon* HECKEL. Diskus DATZ-Sonderheft, 10-19.

LYONS, E. 1959. *Symphysodon discus* Tarzoo. New blue discus electrify aquarium world. Tropicals Mag. 4(3), 6-10.

PELLEGRIN, J. 1904. Contribution á l'étude anatomique, biologique et taxonomique des Poissons de la famille des Cichlidés. Mém. Soc. zool. France 16, 41-399.

SCHÄFER, F. 1998. Zur Artenfrage bei Diskus und Skalaren – Anmerkungen aus biologischer Sicht. In: GÖBEL, M. & MAYLAND, H. J. South American Cichlids IV, Discus, Scalare. Mörfelden-Walldorf, 22-28.

Bücher für Ihr Hobby

Mit der neuen Erfolgsreihe aus dem bede-Verlag bieten wir Ihnen zu Ihren Aquarien-fischen das passende Buch. Sie möchten in die Aquaristik einsteigen, oder Sie brauchen wertvolle Tips zur Haltung und Zucht Ihrer Fische, dann ist unsere neue Reihe genau das Richtige. Jeder der 30 Titel umfaßt 80 Seiten und circa 80 bis 100 faszinierende Farbaufnahmen.

Für nur DM 19,80 je Titel ein aquaristisches Muß für Hobby-Aquarianer.

Zwergcichliden
ISBN 3-931 792-29-3

Tanganjikaseecichliden
ISBN 3-931 792-44-7

Malawiseecichliden
ISBN 3-931 792-25-0

Corydoras-Panzerwelse
ISBN 3-931 792-26-9

Guppys
ISBN 3-931 792-28-5

Piranhas
ISBN 3-931 792-27-7

Skalare
ISBN 3-931 792-30-7

Diskus
ISBN 3-931 792-24-2

Blumentiere im Meerwasseraquarium
ISBN 3-931 792-72-2

Aquarienpflanzen
ISBN 3-931 792-66-8

Das funktionierende Meerwasseraquarium
ISBN 3-931 792-46-3

Kaiser- und Falterfische
ISBN 3-931 792-47-1

Tropheus-Cichliden
ISBN 3-931 792-65-X

Harnischwelse
ISBN 3-931 792-67-6

Amanos Naturaquarien
ISBN 3-931 792-68-4

Paludarium
ISBN 3-931 792-70-6

Koikarpfen
ISBN 3-931 792-71-4

Killifische
ISBN 3-931 792-69-2

Salmler
ISBN 3-931 792-74-9

Welse
ISBN 3-931 792-75-7

Guramis und Fadenfische
ISBN 3-931 792-48-X

Schleierkampffische
ISBN 3-931 792-76-5

Kampffische – Wildformen
ISBN 3-933 646-09-X

Aquaristik für Einsteiger
ISBN 3-931 792-77-3

Diskuszucht
ISBN 3-931 792-78-1

Bärblinge
ISBN 3-931 792-82-X

Westafrikanische Zwergcichliden
ISBN 3-931 792-06-4

Diskuswildfänge
ISBN 3-933 646-06-5

Gesunde Aquarienfische
ISBN 3-931 792-73-0

Regenbogenfische
ISBN 3-931 792-45-5

Fordern Sie unverbindlich unseren Gesamtprospekt an!